ICH BIN AUF DEM MARS GEWESEN

NARCISO GENOVESE

ICH BIN AUF
DEM MARS GEWESEN

Bewohner des Mars besuchten uns.
Sie besuchen uns und arbeiten mit uns
für eine bessere Welt.

2. Auflage

VENTLA-Verlag Nachfolger
Hohenzollernstraße   9
D-33330   Gütersloh
1997

Titel der mexikanischen Originalausgabe:
"Yo he estado en Marte"
Editora Latino Americana, S.A. México September 1958

Übersetzung ins Deutsche: Gustel Scheffen
Technische Durchsicht: Ing. Alfonso d'Aubert

Umschlagentwurf und Gestaltung:
Andreas Görtz

ISBN 3-929380-45-5
Copyright © 1997
by VENTLA-Verlag Nachfolger
D-33330 Gütersloh

Herstellung: TURMALIN Verlags- und Vertriebs GmbH.
33330 Gütersloh
Druck: Offset Druckerei Pohland, Augsburg

Inhaltsverzeichnis

Abbildungen

Vorwort zur deutschen Herausgabe

Mit dem neunjährigen Bestehen des Ventla-Verlags*) und zugleich mit der Jubiliäumsausgabe der Monatszeitschrift „UFO-NACHRICHTEN" Nr. 100 konnte die deutschsprachige Herausgabe der sensationellsten Publikation unseres Globus vorgelegt werden: „ICH BIN AUF DEM MARS GEWESEN". Nicht nur der Autor, Narciso Genovese, war auf dem Mars, sondern mit ihm eine Reihe von Wissenschaftlern und Ingenieuren. Durch diese gewaltige Pioniertat wird unser Weltbild verändert werden.

Die Menschheit weiß noch nicht, was ihr in diesem Buch dargeboten wird.

Und warum weiß sie es nicht?

Weil es seit wenigstens fünfzehn Jahren - trotz einiger Dedizierungsaktionen der „Deutschen UFO/IFO-Studiengemeinschaft (DUIST) E.V." an alle bedeutenden Reigerungsoberhäupter der Welt**) - von den für die Volksaufklärung und -bildung Verantwortlichen verabsäumt wurde, die nötigen elementaren Informationen zu verbreiten.

Hier entdecken wir den eigentlichen Haken, nämlich: Diese „Veranwortlichen" sind über die kosmische und damit natürlich erst recht globale Bedeutung der UFO/IFO-Phänomene absolut nicht im Bilde, weil sie ihre Amtszeitjahre, Ferien und Hobbys allem anderen, nur nicht dem für unser Zeitalter Wichtigsten zugewandt haben. Sollten manche von ihnen es trotzdem getan ha-

---

*)   Zum Zeitpunkt der ersten Ausgabe dieses Buches 1964
**) Siehe "Planetenmenschen besuchen unsere Erde", Seite 133, und UN Nr. 80, April 1963, Seite 1, "Botschaft aus dem Kosmos an die Erde". (Beides vergriffen) D.H.

ben und über Bewohntheit des Weltenraums sowie die Besuche außerirdischer Menschen in unserer Erdatmosphäre gut orientiert sein, dann ist ihr Schweigen um so schwerwiegender.

Der Begriff „sensationell" ist für dieses Buch abgegriffen. Es wirkt wie Sonnenschein inmitten einer von Atomwolken umdüsterten Welt. Die Perspektiven, die sich daraus ergeben, sind seit Lemurien, Atlantis und der früheren Zeit erstmalig und einzigartig.

Superlative reichen nicht mehr, um ausdrücken zu können, was den Leser auf den folgenden Seiten erwartet. Die Überschriften des Inhaltsverzeichnisses geben eine Vorstellung von dem Unerhörten, das hier als Empirie beschrieben ist: die den Atem verschlagende Überrundung der aufwendigen astronautischen Bestrebungen durch ein privates Team von internationalen Wissenschaftlern, die den „Dienst an der Menschheit" auf ihr Panier geschrieben haben.

Um nichts weniger handelt es sich dabei, als um die Möglichkeit eines kosmischen, freundschaftlichen Anschlusses der Erde an die gewaltige universale Konförderation. Angesichts dessen verblassen alle irdischen Diskrepanzen, die noch im seitherigen erschütternd kleingeistigen, materialistisch infizierten Weltbild wurzeln.

Mit dem Verfasser Narciso Genovese möchten wir unserem Schöpfer voll Ehrfurcht und Demut danken, daß wir an der Entwicklung der Ifologie, der jüngsten, aber umwälzendsten Wissenschaft der Welt zur Einigung der Menschheit entschieden mithelfen dürfen. Danken wir, daß wir in dieser restlos verfahrenen Welt durch den Autor und die wissenschaftlich unabhängige Institution von hundertdreißig mutigen Männern erfolgreichere Kosmonauten haben, als solche der schulwissenschaftlichen Astronautik vergönnt ist.

Dieses Wettrennen ist bereits entschieden!

Durch diese Neuerscheinung werden die Intelligenzschichten aller Völker aufgefordert, ihre Friedensliebe sowie ihr kosmisches Denken unter Beweis zu stellen. Die Entwicklungsresultate der IFOLOGIE, dieser jüngsten, aber umwälzendsten Wissenschaft der Welt zur Einigung der Völkerschaften, mit allen sich ergebenden Konsequenzen - also praktische interplanetarische Weltraumfahrten - können als reale Tatsachen in den Dienst der Menschheit, so sie vernünftig befunden wird, gestellt werden.

Die Reife der Zeit drängt zu entschlossenem und tatkräftigem Handeln in unabdingbarem Friedensgeist, weil die Fronten echter Wissenschaft, fundierter Religion, vernünftiger Gesellschaftsordnung, unerläßlicher ethischer Grundlage bei wahrhaft nobler Menschenwürde sich zur unbesiegbaren Phalanx im Einklang universaler Schöpferordnung längst zu formieren beginnen.

Und wer möchte bei diesem welthistorischen Durchbruch, der aus den Tiefen des Weltraums mit größtem Interesse beobachtet und gefördert wird, nicht mit dabei sein?

Wiesbaden-Schierstein, im Oktober 1964

Anny und Karl Veit

Vorwort zur neuen Auflage

Der 12. Oktober 1942, an dem Kolumbus Amerika entdeckte, ist der Geburtstag für ein glorreiches Ereignis, ein Tag, an welchem Spanien die Welt nicht nur mit anderen Welten bekanntmachte, sondern auch die Möglichkeit bot, diese zu erobern.

An diesem Tage, in diesem Monat, starteten vom amerikanischen Kontinent - jedoch viereinhalt Jahrhunderte später - einige Luftfahrzeuge in den unendlichen Kosmos, um zu erreichen, was bis zu diesem Augenblick nur ein Traum gewesen war: zu anderen Planeten unseres Sonnensystems zu gelangen.

Die Wissenschaftler, welche unter größter Geheimhaltung diese sensationelle Reise vorbereitet hatten, bebten vor Erregung. Würde das Abenteuer glücklich enden? Würden sie befriedigende Ergebnisse für die Einigkeit und den Frieden der Welt erzielen, wie sie es sich als Ziel gesetzt hatten? Würden die bewohnten Welten denselben ehrgeizigen Wünschen und Nöten ausgeliefert sein, wie sie auf der Erde herrschten?

Sechs Tage später wurden diese Fragen bereits beantwortet. Die Rätsel der außerirdischen Welt begannen sich zu klären. Vom fernen Mars gelangte eine Botschaft zu uns, die für uns einen Hoffnungsschimmer und den Glauben an die Zukunft bedeutete.

Dies ist das sensationellste Buch der letzten Jahrtausende, das jeder lesen sollte, denn es gibt uns technische Lektionen, Richtlinien für unsere Lebensführung und berichtet gleichzeitig über das außergewöhnlichste Abenteuer menschlicher Wesen. Das Buch gibt Beschreibungen des Mondes und des Planeten Mars, sowie über das Leben auf dem Mars, seine Geografie, seine Geschichte und weitere erregende Kapitel, die bis zur letzten Seite den Leser fesseln.

Die Brisanz dieses Buches wird dadurch deutlich, daß nach Erscheinen der ersten Auflage des Buches im Jahre 1964 der Autor Drohungen erhielt, als er seine Erlebnisse nicht ableugnen wollte. Dies führte zu dem traurigen Ereignis, daß der Sohn des Autors entführt und umgebracht wurde. Der Leser möge aus diesen Ereignissen seine eigenen Schlußfolgerungen ziehen.

Gütersloh, im Juli 1997　　　　　　　　　　Jürgen Gottsleben

Widmung

Für die Weltbürger,
die den Frieden,
die Einigkeit
und die Brüderlichkeit
herbeisehnen;
für alle,
welche eine Erde
ohne Grenzen erhoffen,
die Kriege abzuschaffen
und die den
allmächtigen Gott verehren.

Der Autor

Des Verfassers persönliche Widmung
mit seiner Fotogarfie lautet:

Für Anny und Karl Veit
mit aller meiner Wertschätzung
und wärmster Brüderlichkeit
Narciso Genovese

Bild links: Narciso Geno-
vese mit seinem Sohn.

Bild unten: Narciso Geno-
vese auf der UFO-Konfe-
renz im Jahre 1965 (mit
weißem Anzug), rechts ne-
ben ihm Karl L. Veit mit der
Neuausgabe des Buches
"Ich bin auf dem Mars ge-
wesen", links neben ihm der
Übersetzer Alfonso d'Aubert.

An den Herrn Präsidenten
der Vereinigten Staaten von Nordamerika
Dwight D. Eisenhower
Washington, D.C.

Hochverehrter Herr Präsident!

Wir sind eine Vereinigung von 98 hervorragenden Wissenschaftlern aus verschiedenen Nationen Europas, die sich unmittelbar nach dem letzten Krieg an einem geheimzuhaltenden Ort Südamerikas zurückgezogen haben, um die von Guillermo Marconi begonnenen Forschungen über die Sonnenenergie fortzusetzen.*)

Diese Institution ist unabhängig von jeglicher Politik. Wir sympathisieren jedoch zutiefst mit Ihrer Regierung, Ihrem Volk und Ihren Verbündeten für die Aufrichtigkeit Ihrer Bestrebungen zugunsten des Weltfriedens.

Auf Grund verschiedener Erwägungen hielten wir es daher für angemessen, bestimmte Dinge, die bisher geheim behandelt wurden, der Öffentlichkeit bekanntzugeben, weil sie dazu beitragen werden, Ruhe und Besonnenheit aufrechtzuerhalten.

Existieren die Fliegenden Untertassen wirklich? Was bedeuten sie? Woher kommen sie? In dem Buch, das wir Ihnen hier vorlegen, wird die Unkenntnis darüber geklärt werden.

Die Erde ist von interplanetarischen Flugzeugen aufgesucht worden, und auch wir haben solche Flugzeuge gebaut und andere Länder, auch das Ihre, damit aufgesucht.

---

*) Inzwischen hat sich das Team auf 126 Persönlichkeiten erhöht, wie Herr Genovese uns Anfang 1964 mitgeteilt hat. D.H.

Sie sind mit mächtigen Antriebsenergien der Sonnenkraft versehen und könnten sogar Atomreaktionen damit unwirksam machen.

Sie werden verstehen, daß wir vorerst über verschiedene Dinge noch keine näheren Erklärungen abgeben können, sind aber davon überzeugt, daß dieses Buch, dessen Verbreitung wir unter Ihr Protektorat stellen, viele Unklarheiten beseitigt, deren Erforschung einen neuen Horizont eröffnen und ernsthaften Überlegungen ein weites Feld bieten wird.

Nach und nach werden Ihnen viele Dinge klarwerden, und wenn Sie mit derselben Aufrichtigkeit den Kampf für den Frieden aufnehmen, werden wir Ihre Verbündeten sein.

Die einzige Absicht dieses Buches ist, wissenschaftliche Prinzipien von hohem Wert bekanntzugeben, die Forschung anzuregen und vor allen Dingen unheilvolle Doktrinen anzufechten, welche auf die Versklavung der Menschheit hinauslaufen. Wir wollen den Geist der Menschheit dem Ideal von Frieden und Freiheit zuwenden, dem auch Sie Ihre Kräfte und die Ihres Volkes gewidmet haben.

Gott verleihe Ihnen die Zeit und die Energie für die Erfüllung des hohen Zieles.

Im Namen der Institution

Narciso Genovese

Erklärung

Viele hervorragende wissenschaftliche Leistungen, die hier beschrieben werden sollen, sind den Anstrengungen und persönlichen Opfern zahlreicher Intellektueller zu verdanken. Aber erst die wirtschaftliche Unterstüzung aufgeklärter, verständnisvoller Männer machte diese Erfolge möglich, und so wurde durch sie zum Wohle der Menschheit das größte Opfer der Jahrhunderte gebracht.

Wir nennen zuerst den Meister und Bahnbrecher Guglielmo Marconi, der uns mit den wissenschaftlichen Grundlagen, auf denen wir aufbauten, ein bedeutendes Vermächtnis hinterließ.

Ferner sind zu nennen: zwei bereits verstorbene Ex-Könige, ein noch lebender Ex-König, zwei regierende Könige, ein Ex-Präsident von Lateinamerika, drei amerikanische Industrie-Magnaten, vier Engländer, der Gründer der italienischen Republik, zwei arabische Öl-Magnaten und verschiedene vermögende Südamerikaner.

Die wundervolle Art, in der das Geheimnis bewahrt wurde, hat ganz besonders zu dem Gelingen beigetragen. Zu Ehren dieser Personen können wir sagen: Sie haben der entnervten Menschheit die Hoffnung zurückgegeben, deren sie so sehr bedarf.

Ebenso danken wir aufrichtig der Regierung und dem Volk, das die Organisation unseres Werkes förderte und schützte.

Narciso Genovese

Der Autor an die Leser

Die letzten fünf Lebensjahre Marconis*) waren die Jahre seiner intensivsten wissenschaftlichen Forschung.

Diese Forschung konzentrierte sich vor allem auf die Sonnenenergie. Es war aber auch die Forschung, die der größten Geheimhaltung unterlag. Die Schüler Marconis bewahrten die größte Zurückhaltung und breiteten Stillschweigen über ihre systematischen und um so intensiveren Arbeiten.

Hätte man die bis heute erreichten Ergebnisse dieser Forschungen bekanntgegeben, so wäre die Bedeutung der Atomwaffe sehr vermindert worden.

Hat man sich niemals diese Fragen gestellt?

Wer waren die Schüler, die Marconi am nächsten standen? Wo sind sie?

Die unbestreitbaren Grundsätze Marconis sind es wert, sie kennenzulernen:

„Dieselben Gesetze, welche die Harmonie zwischen der Sonne und ihren Planeten beherrschen, sind es, welche die Beziehungen zwischen einem Atomkern und den Komponenten des Atoms bestimmen."

„Das Atom ist der Teil einer Zelle oder eines Moleküls!"`

---

*)   Er lebte von 1874 bis 1937

„Dieses ist der Teil eines Körpers. Die Milchstraße ist nicht mehr als ein Molekül in der unermeßlichen Größe eines himmlischen Körpers; das Sonnensystem ist eines seiner Atome."

„Der Astronom weiß viel mehr als der Physiker von dem Atom, da er die Beziehungen des Sonnensystems kennt."

„Man kann von einem Sonnenstrahl viel mehr Energie erhalten als von allen Atomen der Materie."

„Wo ein Sonnenstrahl hingelangt, kann auch der Mensch hingelangen."

„Die Spaltung des Atoms ist eine wissenschaftliche Tollheit und ihre Konsequenzen sind katastrophal."

„Die Natur ist wie Gott: sie enthüllt sich dem, der sie mit Liebe sucht."

„Wenn es wirklich etwas gibt, was völlig unmöglich ist, so ist es das, Gott zu verneinen."

Vorbemerkung

Wir möchten unsere Leser darauf aufmerksam machen, daß wir gezwungen sind, in diesem Bericht über bestimmte Dinge nur Andeutungen zu geben, zu deren Geheimhaltung wir vorerst verpflichtet sind, von denen wir jedoch hoffen, sie bald enthüllen zu können.

Wir werden trotzdem in diesem Buche Aufschlüsse geben, die man als sensationell bezeichnen kann. Doch sind wir davon überzeugt, daß sich daraus nützliche Folgerungen ergeben. Ferner möchten wir einige Staaten und vor allem einige Wissenschaftler zu Überlegungen anregen, ihre Mittel, Energien und Kenntnisse von einem Kurs abzulenken, der nur zum sicheren Untergang unseres Planeten führen kann. Das Universum umfaßt so viele Wunder, ein so unbegrenztes Gebiet von Kräften, daß der unvoreingenommene Forscher mit jedem Augenblick von neuen Überraschungen überwältigt wird.

Zu Beginn der Ereignisse, die wir hier berichten, möchten wir dem höchsten Wesen, dem Schöpfer des Universums, unsere Huldigung darbringen.

Es ist unmöglich, ja geradezu absurd, auf dem Gebiete der Wissemschaft einen wirklichen Fortschritt zu erreichen, ohne die Einheit im Universum, die Analogie in allem, was existiert, anzuerkennen. Die einfache Tatsache zu existieren, macht uns allen und allem gleich, macht uns zu Gliedern der wundervollen Gemeinschaft, welche das Universum darstellt. Es ist dieselbe Beziehung zwischen einem Staubkorn und dem größten Stern im Weltall, zwischen dem niedrigsten Lebewesen und dem Menschen.

Diese unveränderlichen Gesetze, die dieses Wunderreich regieren, sind so groß, so vollkommen, so makellos, daß nichts, und sei es noch so schön und bedeutend, mit ihrem Schöpfer verglichen werden kann.

Diesem obersten Schöpfer, den alles, was Intelligenz besitzt, „Gott" nennt, ist bedingungslos unser demütiger Dank zu entrichten.

Narciso Genovese

Ein wenig Geschichte

Eine in die Geheimnisse der Physik eingeweihte Gruppe von Personen, die an einem geheimen Ort im südamerikanischen Wald vereinigt sind, bilden eine Gemeinschaft, die sich nur der wissenschaftlichen Forschung gewidmet hat. Sie ist völlig frei von Zugeständnissen und Verpflichtungen gegenüber Regierungen oder Machthabern, verfügt jedoch über einen unbegrenzten finanziellen Rückhalt, der es ihr möglich macht, erstaunliche praktische Erfolge zu erzielen, die in dem der Menschheit zuträglichen Maße nach und nach mitgeteilt werden.

Nach langer Überlegung kam man überein, jetzt, in diesem Buche, von der Existenz dieser wissenschaftlichen Institution Kenntnis zu geben, von ihren Zielen, ihren Grundsätzen und einigen ihrer Erfolge, die zur Lösung der die Menschheit beherrschenden Spannungen dienen sollen und der Unschädlichmachung derjenigen, die sich nicht dem Aufbau, sondern der Lostrennung von der Natur und, was noch schlimmer ist, der restlosen Zerstörung widmen.

Wir sandten eine Anzahl von Warnungen an bestimmte Regierungen, welche die Kräfte ihrer Völker erschöpfen mit dem einzigen Ziel, ihre eigene Macht zur Zerstörung zu vergrößern. Wir besitzen unvergleichlich größere und sehr einfache Mittel, die weder zahlreiche Arbeitskräfte noch komplizierte Verfahren erfordern, mit denen wir jedoch ohne weiteres die Absichten dieser Machthaber zunichte machen und ihnen furchtbaren Schaden zufügen können.

Die Harmonie des Weltraums, das Wunder der Schwerkraft

der Gestirne werden von einer unermeßlichen Energie geführt und von weisen Gesetzen regiert. Das gründliche Studium dieser Gesetze hat uns in die Lage versetzt, etwas von diesen universellen Kräften kennenzulernen und für unsere Ziele nutzbar zu machen.

Ein Beweis dafür ist das Erscheinen geheimnisvoller Objekte, die an verschiedenen Teilen des Himmels beobachtet werden und deren Studium wir trotzdem nicht erlaubt haben. Wir fliegen mit diesen Maschinen und haben schon Kontakt mit anderen Welten aufgenommen.*)

Diese Erscheinungen sind Friedensbotschaften, aber, und wir betonen dies ausdrücklich, sie könnten auch schreckliche Strafen für die Feinde der Menschheit bedeuten. Der Haß und die Rache trennen die Menschen und halten sie in ständiger, spannender Bedrohung.

---

*)   Hier erhält die Weltöffentlichkeit in exakter Form Kenntnis, daß es mit Hilfe von Marsianern bereits auf der Erde gebaute Flug-Objekte gibt, die in der Lage sind, den solaren Weltraum mit vielen Insassen durch Anwendung von Sonnenenergie - gleich den IFOs - zu durchqueren.
Nicht nur die amerikanisch-kanadische "AVRO-Untertasse", sondern auch die gesamten astronautischen Bestrebungen der Amerikaner (NASA) und der Russen mit 'Weltraumraketen und Kapseln' sind damit unvergleichlich überboten.
Die Vernunft gebietet daher, die Freundschaft mit den überlegenen Planetariern sowie deren irdischen Schützlingen zu suchen und zu pflegen. Nur absolute Ehrlichkeit mit einwandfreier Einstellung kann hier zum Ziel führen.
Hieraus ergibt sich für die Fachwelt wie für die übrige Menschheit das Studium des Buches "Erforschung außerirdischer Weltraumschiffe - Ein wissenschaftliches Anliegen des 20. Jahrhunderts" von K.L.Veit (VENTLA-Verlag - z.Z. vergriffen), damit die sämtliche Fakultäten berührenden Fragen der IFOs die menschheitswichtige Vorrangstufe erhalten, die ihnen gebührt.D.H.

Zwei Forschungszentren, eines im Osten, das andere im Westen, stehen im verderblichen Wettstreit und werfen makabre Schatten auf die Welt. Zwei entgegengesetzte Ideologien verwirren die Geister, aber die Welt wird den Friedfertigen gehören, und wir sind ihre Verbündeten.

Es wird den Menschen, die guten Willens sind, eine Erleichterung sein zu wissen, daß zwischen diesen düsteren Wolken ein Hoffnungsstrahl hervorbricht, der nicht die Vernichtung bedeutet, sondern den Aufstieg, die Verbindung mit der Unendlichkeit und mit Lebewesen, welche Planeten des Sonnensystems bewohnen und Planeten anderer Welten: Und das ist bereits eine bestehende Tatsache.

Achtundneunzig*) Männer, die von sechs europäischen Nationen kommen, haben sich zu diesem wissenschaftlichen Institut zusammengeschlossen, um mit allem Wissen und Können der Menschheit zu dienen. Sie haben beschlossen, die Ergebnisse ihrer Entdeckungen ausschließlich dem Wohle der Menschheit zu widmen.

Drei Prinzipien gelten als oberste Leitgedanken für die Vereinigung:

1. Eine Religion: Gott ist der weise Schöpfer des Universums.
2. Ein Vaterland: Die Erde.
3. Ein Ziel: Uns zu Verbündeten der Bewohner der anderen Planeten des Sonnensystems zu machen.

---

*) Inzwischen hat sich das Team auf 126 Persönlichkeiten erhöht, wie Herr Genovese uns Anfang 1964 mitgeteilt hat. D.H.

Der Meister, der wissenschaftliche Führer dieser Bewegung, ist Marconi, dessen Forschungen und Forschungsergebnisse zum größten Teil noch unbekannt sind. Er hat uns die Richtung gewiesen, der wir gefolgt sind.

Marconi wollte mit seinen Entdeckungen alle Bewohner dieser Erde vereinigen, und er hätte eher den Tod vorgezogen, als gefährliche wissenschaftliche Erkenntnisse zu verbreiten, die in diesem historischen Augenblicken nur Instrumente der Zerstörung gewesen wären. Aber Marconi hatte vertraute Freunde, Teilnehmer an seinen Arbeiten, Theorien und Projekten - und die Träume des Meisters schienen sich zu verwirklichen.

Der Autor hatte die Ehre, Marconi in Genua, auf seinem Studienplatz, einem Schiff, zu besuchen. Das war kurz nachdem er von da aus die Stadt Sydney elektrisch beleuchtet hatte. Es begleiteten mich bei diesem Besuch vier deutsche Wissenschaftler. Unsere Absicht war, von dem Meister Erklärungen zu erhalten, wie man den elektrischen Strom so beherrschen könnte, daß man ihn um die Erde herumleiten kann, um ihn dann an einem vorbestimmten Punkte wirksam werden zu lassen. Marconi gestand uns, daß es sich tatsächlich seiner Kenntnis entzieht, was die Elektrizität an sich ist, daß man aber bestimmte Ergebnisse erzielen kann, welche viele Analogien zwischen dieser mysteriösen Energie und der universellen Kraft aufzeigen, die alle Gestirne in einem so vollendeten Gleichgewicht erhält. Besonders meinte er, scheine es, daß das, was wir von der Elektrizität kennen, wohl nicht mehr als Funke der Sonnenenergie ist und durch uns gezähmt werden kann. Da nun die Sonne Ausstrahlungszentrum ist, könne sehr wohl diese Energie der Leiter zu irgendeinem Punkte des Raumes sein und dort in Aktion treten.

Diese Ideen Marconis, durch weitgehendste Studien und Experimente bestätigt, waren die Grundlage, auf der wir unsere Forschungen aufbauten. Wenn diese Energie, die wir Elektrizität nennen, das Universum beherrscht, indem sie Leben, Licht und Wärme spendet, warum sollte man sie nicht auch als Sender nutzbar machen können? Könnte man damit nicht auch irgendein Objekt lenken, wie es mit den Klangwellen des Radios geschieht? Wenn das möglich ist, könnte der Mensch dort hingelangen, wo auch ein Sonnenstrahl hinkommt.

Da wir davon überzeugt sind, ein weites zu erkundendes Arbeitsfeld vor uns zu haben, widmeten wir uns der schwierigen Forschungsarbeit über das Gebiet der Sonnenenergie unf ihre Anwendung.

Indem wir unsere Beobachtungen austauschen, wurde die Zahl der Forscher, die sich unserer Theorien anschlossen, immer größer.

Die letzten erstaunlichen Entdeckungen Marconis bestätigen mehr und mehr unseren Glauben an die Theorie. Der Tod des Meisters und der zweite Weltkrieg festigten nur unsere Absichten.

Da wir davon überzeugt sind, daß die Bewohner anderer Welten wohl entfernt, aber nicht getrennt von uns sind, begannen wir, die phantastische Aufgabe zu lösen, die Sonnenenergie für einen Flugapparat zu nützen und zu versuchen, uns mit weit entfernten Wesen in Verbindung zu setzen. Wir lehnten deshalb die Spaltung des Atoms als abwegig und gefährlich ab; außerdem schien es uns als geradezu absurd, mit nur irdischen Kräften aus dem Machtbereich der Erde zu gelangen.

Es bildete sich eine Gesellschaft, und wir beschlossen, uns zu einem richtigen Forschungsinstitut zu organisieren. Unsere Ideen fanden schnell Anklang. Die reichen Mittel, die uns zuflossen, erlaubten es bald, das großartige Werk zu den Resultaten zu bringen, die wir heute vorweisen können.

Es entstand schnell eine richtige, inmitten des Urwaldes verborgene Stadt der Wissenschaft mit fast allen unterirdisch angelegten Einrichtungen. Die schnell vorangetriebenen Arbeiten führten zu unerwarteten Ergebnissen der Forschung. Von diesen Resultaten werden wir hier, wenn auch mit bestimmten Einschränkungen, erzählen.

Der einzige Zweck dieser Enthüllungen ist der, die Menschheit zu beruhigen und die durch bestimmte Erscheinungen, wie die „Fliegenden Untertassen" und andere Phänomene es sind, hervorgerufene Panik zu beseitigen, mindestens aber zu mildern.

Bis jetzt hat man diese Dinge höchst sekret behandelt, und auch jetzt wird diese Arbeit nur stückweise veröffentlicht, um jeglichen Mißbrauch zu verhindern, der sich daraus ergeben könnte.

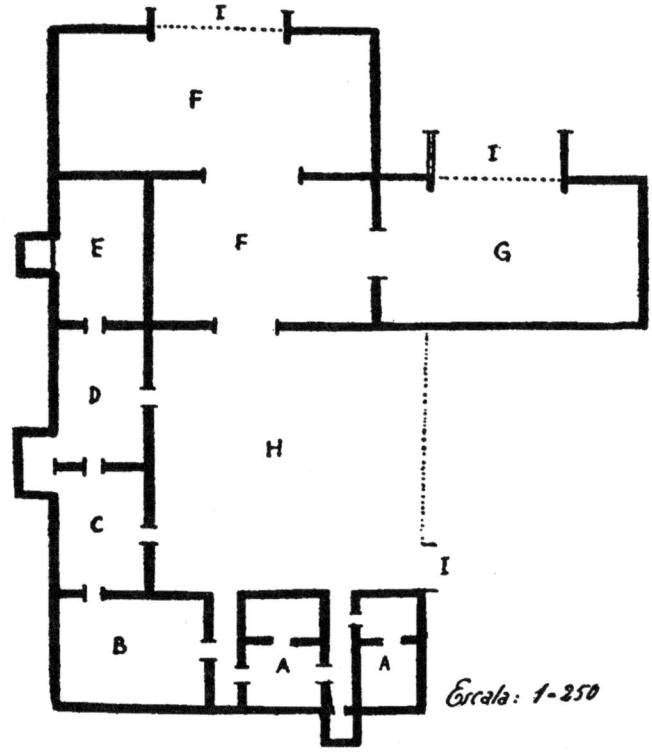

Maßstab 1 : 250

Grundriß unserer unterirdischen Zentrale. A: Direktion, B: Ateliers, C: Biblio-
thek, D: Physikalische und chemische Arbeitsräume, E: Experimentierräume,
F: Spezial-Laboratorien, G: Lagerhallen, H. Große Halle, I: Ausgänge zur Oberfläche.

Die Sonnenenergie

Schon im Jahre 1946 hatten wir einen mächtigen Empfänger oder Sammler für Sonnenenergie konstruiert.

Die elektrische Energie ist eine Serie von Vibrationen, die das Dasein ausmacht und formt, das Leben und die Bewegung aller Materie. Diese Vibrationen haben ein Emanationszentrum. In unserem System ist es die Sonne.

Es gelang uns, diese Energie indirekt zu erhalten, indem wir die Reizung der Materie bewirkten, welche auf diese Weise so die Moleküle des geheimnisvollen Fluidums, das wir Elektrizität nennen, aufspeichert und zurücksendet.

Wir erhalten so die Sonnenenergie durch den Reflex der Materie. Könnten wir nicht dieselbe Energie direkt von der Quelle selbst erhalten, ohne die Materie zu reizen?

Das Dasein ist Bewegung. Alles, was existiert, vibriert: Die Moleküle und die Zellen in den Körpern und die Atome in dem Molekül; und wieviel Energie ein Atom der Materie einschließt, wissen wir bereits. Die Moleküle eines Sonnenstrahls enthalten mehr Energie als alle Atome der Materie. Könnten wir nicht zum Beispiel diese Engergie in einer so einfachen Weise aufspeichern, wie das eine Wolke tut? Wird es uns nicht mit dieser Energie gelingen, die Energie zu neutralisieren, die bei einer Atomreaktion frei wird? Das ist möglich, und demnächst werden die Atombomben-Experimentatoren eine hübsche Überraschung erleben, denn wir sind darauf vorbereitet, ihre Reaktionen in ein harmloses Spiel zu verwandeln.

Jede molekulare Energie erzeugt außerdem eine bestimmte Anzahl von Vibrationen. Die Metalle, die Metalloide, Gase, Flüssigkeiten und alle Zellen haben ihre besondere Reaktion und können durch bestimmte unterschiedliche Einflüsse des mysteriösen elektrischen Fluidums beeinflußt werden. Sie können sich beeinflussen und selbst zerstören, z.B. das Knochensystem, die Muskeln, Knorpel, das Rückenmark sowie die Hirnmasse des Menschen. Was könnte, um ein Beispiel anzuführen, eine Entladung bedeuten, die sich auf die Gehirne einer Konzentration von Soldaten auswirkt?

Alles dies ist bewiesen und durch zahlreiche Experimente bestätigt.

Dieses Institut hat bereits eine Kraft von unvermutetem Potential in Händen, mit welcher es eine unheilvolle Wirkung erzielen könnte. Es könnte damit aber auch einen atomaren Weltuntergang unwirksam machen:

Der erste Schritt war eingeleitet, nicht um die Produktion, sondern das Einfangen und die Konzentration der Sonnenenergie zu erreichen. Dann folgte das Studium der verschiedenen Manifestationen, um ihre Anwendungen festzulegen.

Schon im Jahre 1946, wie wir bereits sagten, hatte man diesen Stromsammler und Kondensator der Sonnenenergie vorbereitet. Es ist ein Apparat von denkbar größter Einfachheit. Diese Maschine speichert nicht nur die Energie auf, sondern verwandelt sie auch in Treibkraft. Gleichfalls kann sie bei dem Objekt eine bedeutend stärkere Reaktion entfesseln, als wenn Wolken durch den Blitz entladen werden.

Es folgte das Problem der Kontrolle und Steuerung des wunderbaren Apparates. Seine Beherrschung durch Steuerregelung war bereits gelöst. Vorerst schien es viel schwieriger, seine Kontrolle ohne Störungen von außen zu erreichen. Aber auch dieses Problem wurde schließlich zur vollen Zufriedenheit gelöst. So entstand ein mächtiger Apparat mit dauernder Energieversorgung, die nirgends im Raum durch äußere Einflüsse gestört werden konnte, eine Maschine, die gleichzeitig ein gewaltiges Potential äußerer Aktionskraft entwickelte.

Was die Schnelligkeit anbetrifft, so bestehen keine größeren Probleme: Es ist die Schnelligkeit zulässig, die der Festigkeit der Konstruktion entspricht.

Die Kugelform ist für die Akkumulation der Energie vorteilhafter; für die Lenkung, die Bewegung und den Widerstand ist die Spindel- oder Scheibenform vorzuziehen.

Die Weltraumschiffe

Schon im Jahre 1952 konnten mit Erfolg Ausflüge über alle Meere und Kontinente der Erde verwirklicht werden.

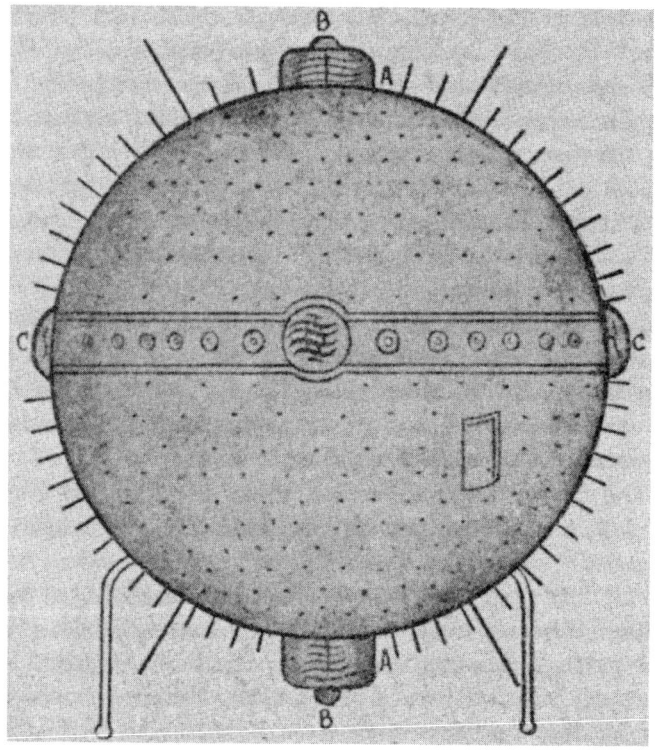

Unsere interplanetarischen Schiffe, die durch die marsianischen Techniker vervollkommnet wurden, wodurch die Reise nach dem Mars am 12. Oktober 1956 möglich wurde. A: Auftriebsturbinen, B: Periskoplinsen, C: Fortbewegungsturbinen.

Das Schiff, wie wir es hier nennen werden, ist aus einer Spezial-legierung hergestellt, die jeglichem Druck und jeder Schnelligkeit angepaßt ist. Es besteht aus zwei völlig unter sich isolierten Kammern. Das Äußere ist vom Inneren durch einen absolut luftleeren Raum getrennt.

Das Innere enthält die Kabine mit allen Instrumenten und notwendigen Bequemlichkeiten, Klimaanlage, Druck usw. Der luftleere Raum zwischen den beiden Kammern bildet einen enormen Energie-Akkumulator. Diese Energie wird durch die äußere Oberfläche gesammelt, deren runde Form die Leistungsfähigkeit noch steigert.

Die beiden Kammern sind durch gläserne Stützen untereinander fest verbunden und haben viele Bordluken, um so aus dem Inneren eine vollkommene Sicht nach allen Seiten zu gewährleisten. Die beiden entgegengesetzten Punkte der Kugel, sagen wir Nord und Süd, enden in zwei Türmchen, deren jedes mit elektrischen Turbinen versehen sind, welche die Antriebsbewegung nach jeder Richtung hin liefern, die jederzeit sofort geändert werden kann. Im Innern der Achse, die die Kugel durchläuft und die beiden Turbinen verbindet, ist das Periskop, welches in zwei mächtigen Linsen als Abschluß der Türmchen endet.

Die beiden anderen Punkte, sagen wir Ost und West, sind mit zwei hevorstehenden magnetischen Antennen versehen, welche die seitliche Bewegung bestimmen, und zwar durch eine Steuerung, welche die eine oder andere Antenne neutralisiert und das Schiff augenblicklich nach der entgegengesetzten Seite neigt. Die Sicht aus dem Inneren des Schiffes ist ausgezeichnet, gewährleistet durch die zahlreichen Gucklöcher, die sich an der Außenseite befinden. Auf weite Entfernungen vermitteln die Linsen des stark vergrößernden Periskops eine hervorragende Schau.

Der innere Raum des Apparates kann nach Belieben beleuchtet werden. Das Äußere erscheint bei Tage hellglänzend, bei Nacht nimmt es bei geringer elektrischer Aufladung eine rötliche Färbung an, um bei voller Aktivität des Schiffes hell strahlend weit sichtbar zu werden.

Eine Spezialvorrichtung gestattet das Anbringen fotografischer Kamaras in der Achse des Periskops.

Soweit können wir es uns erlauben, die Beschreibung des Schiffes als dem idealen Modell für außerirdische Flüge zu geben.

Bei größeren Ausmaßen verlangt der Apparat eine spindelförmige Form, obwohl dann die Bewegungen langsamer werden. Für ein ganz großes Schiff ist die Scheibenform vorzuziehen: die zuerst gebaute und noch in Betrieb befindliche Scheibe mißt 36 m Horizontal-Durchmesser und 11 m Höhe.

Die Sicherheit der Navigation ist durch das leichte Gewicht des Apparates und das Fehlen vibrierender Maschinen gewährleistet. Er arbeitet völlig geräuschlos, außer einem leichten Summen beim Anlaufen der Turbinen, das bei hoher Geschwindigkeit absolut verschwindet beim Durchbrechen der Schallmauer. In außeratmosphärischen Regionen arbeitet er durch einfache magnetische Energie; und das ist es, was das eigentliche Wunder des Apparates ausmacht.

Welche Lage oder Neigung der äußere Teil des Apparates auch einnehmen mag, die Lage der inneren Kammer wird immer horizontal bleiben.

Die Bewegung dieser Apparate kann eigentlich nicht mit

„Flug" bezeichnet werden, eher mit „gleiten" oder" Fortbewegung".

Zahllose Fahrten sind bereits unternommen worden zu Versuchen und zum Zwecke von Erforschungen; bei einigen dieser Reisen wurden die Schiffe von der Erde aus beobachtet. Wir können sagen, daß wir die Erde wirklich erforscht haben, insbesondere bestimmte Gebiete. Wir kennen die hauptsächlichsten Anlagen der Welt, insbesondere die elektrischen und atomaren, denn schon aus großer Entfernung werden sie durch die äußerst empfindlichen Apparate unserer Schiffe angezeigt, es befinden sich sehr wichtige fotografische Dokumente in unseren Händen.

Der erwartete Besuch

Schon seit 1950 hatten wir die Gewißheit, daß wir von Flug-apparaten eines Planeten aufgesucht werden, und wenn wir unsere Fortschritte in Betracht zogen, gelangen wir zur vollen Überzeu-gung ihrer Überlegenheit. Die Erde wurde durch Bewohner ande-rer Welten einer Beobachtung unterzogen, aber alles wies darauf hin, daß ihre Absichten freundlicher Art waren. Indes schienen sie es nicht zu wagen, Kontakte aufzunehmen, und dafür hatten sie ernste Motive.

Wir beschlossen daher, ihre Aufmerksamkeit auf uns zu len-ken. Ihre Flug-Objekte schienen den von uns projektierten sehr ähnlich zu sein; auch ihr Verhalten ließ darauf schließen. Wenn wir ihr Erscheinen bemerkten, begannen wir starke Lichtsignale und Kurzwellen-Tonzeichen auszusenden. Am Anfang bekamen wir keine Antwort: wir hatten jedoch die Gewißheit, gehört und gesehen zu werden, denn die fremden Weltraumschiffe wieder-holten ihre Besuche.

Ende 1955 erhielten wir bestimmte Antwortzeichen.

Wir schickten uns an, von unserem kleinen Versuchsgelände alle Arten von Zeichen auszusenden, um zu einer Landung einzu-laden. Am 16. Dezember desselben Jahres, um 5 Uhr nachmit-tags, erschien zu unserer großen Freude über uns eine Formation von fünf Maschinen, von denen die erste Kontakt mit der Erde aufnahm, während die anderen vier sich wieder erhoben und sich alle auf gleicher Höhe und in geringer Entfernung hielten.

Die erste Maschine strahlte einen phosphoreszierenden Glanz aus, der schnell dunkler wurde und sich in kurzen Momenten schließlich zu einer bestimmten, fast hellbraunen Farbe verwandelte.

Das erste, was uns auffiel, war, daß die eigenartige Maschine, die vollständig rund war, keine glatte Oberfläche hatte, sondern völlig mit Spitzen von ca. 15 cm Höhe gespickt war - wie ein Seeigel -, und zwar aus einem sehr glänzenden Metall; außerdem war sie nicht wie unsere Maschinen mit Turbinen versehen, sondern von einem etwa 60 cm breiten Band mit glatter Oberfläche in der Mitte umgeben, das sich in beiden Richtungen drehen konnte.

Die Kugel maß ungefähr 6,50 m im Durchmesser. Eine weitere, große Überraschung für uns war - wir waren alle dieser Ansicht -, daß diese Apparate eine Landebasis auf unserer Erde haben mußten. Wo? Wir hatten nicht die leiseste Ahnung davon. Im Augenblick schien es aber auch nicht oportun, danach zu forschen. Aber jedesmal, wenn sie in der Folge erschienen, kamen sie nicht von einer anderen Welt. Die Basis mußte also gut getarnt sein.

Wir näherten uns schnell dem Apparat, und als sich eine kleine Seitenür öffnete, stiegen vier Personen herunter, die uns durch Neigen des Kopfes begrüßten. Sie gaben dem Letzten den Weg frei, der offensichtlich der Führer war.

Unser erster Eindruck war, daß wir uns einer überragenden Persönlichkeit gegenüber befanden. Die Gestalt war etwas über unserem Mittelmaß. Die Männer mochten ungefähr 1,85 m groß sein.

Ihre Haut war weiß-rosa, das Haar kurz, von hellem Blond, und die Augen hellblau, nicht das mindeste Anzeichen von Bart im Gesicht. Die Anzüge der Männer schienen aus einem Stück zu sein, so ähnlich wie ein wachstuchartiger Overall, der sie von Kopf bis zu den Füßen bedeckte, einschließlich der Hände, und deren Ärmel in einer Art Handschuhen ausliefen. Sie trugen keine Schuhe, denn der Anzug endete in Form von Schaftstiefeln mit einer dickeren Schicht unter den Sohlen. Eine Art Haube oder Kapuze, die an dem Anzug befestigt und aus dem gleichen Stoff war, diente zur Bedeckung des Kopfes, die sie jedoch dann sofort nach hinten fallen ließen. Hände und Füße erschienen im Verhältnis zu den unseren kleiner und feiner zu sein. Auch die Stirn schien bei ihnen höher und breiter als das bei uns der Fall ist. Der Gesamteindruck war unbedingt schön und imponierend.

Der erste Kontakt war beiderseits sofort freundschaftlich und sympathisch. Wir luden sie ein, in eines unserer Studios zu kommen, die mit jeder Art Himmelskarten, besonders solchen des Sonnensystems und einem Globus des Mars ausgestattet waren.

Die Schwierigkeit der Verständigung wurde zu unserer Überraschung durch einen besonderen Apparat gelöst, der die in unserem Hirn erzeugten elektrischen Wellen reflektierte und so unsere Ideen erklärte, die gleichzeitig in einfacher Weise von Angaben auf den Karten und Globen begleitet waren.

Kamen sie vom Planeten Mars?
Waren sie vorher schon dagewesen?
War der Planet Mars bewohnt?
Waren sie damit einverstanden, Kontakt mit uns aufzunehmen?
Konnten sie uns die Konstruktion ihrer Flugobjekte erklären?
Mit welcher Kraft wurden diese angetrieben?

Ihre Antworten kamen schnell, und trotz der Übertragung lediglich durch Zeichen konnten wir sie gut verstehen.

Eine weitere Überraschung für uns war, daß sie uns durch Zeichengebung klarmachten, nicht zum erstenmal mit unseresgleichen in Verbindung zu stehen.

Sie kamen vom Mars, den sie „Loga" nennen.

Sie waren schon oftmals gekommen und zeigten auf der Karte des Sonnensystems den Weg, auf dem sie zur Erde, die sie „Dogue" nennen, gelangt waren. Sie hatten dabei eine Zwischenlandung auf dem Mond („Minu") gemacht, wo sie Stützpunkte haben.

Ihr Planet, den wir von jetzt an auch „Loga" nennen wollen, ist dichter bevölkert als die Erde.

Wie wir uns bis jetzt „Loga" vorgestellt hatten, mußte ihnen natürlich wie eine Kinderei erscheinen.

Sie wollten wirklich mit uns Verbindung aufnehmen, unseren Planeten studieren und waren außerdem durchaus geneigt, uns jegliche Information über den ihren zu geben.

Sie waren sofort bereit, soviele Details über ihre Schiffe, wie wir nur wollten, zu geben, und sie waren lebhaft daran interessiert, auch unsere Flugobjekte kennenzulernen. Sie bedienen sich lediglich der Sonnenenergie.

Wir waren sehr beeindruckt. Ihr Apparat für den Empfang der Gehirnwellen offenbarte ihnen unsere Aufrichtigkeit, unseren lebhaften Wunsch für freundschaftliche Beziehungen und ebenso unser Streben für eine friedliche Einstellung der Menschen unseres Planeten.

Wir boten ihnen dann eine Erfrischung an, die sie gern annahmen.

Danach luden sie uns ein, Ihr Schiff zu besichtigen, dessen Einfachheit und Bequemlichkeit uns in höchstes Erstaunen versetzte. Der Raum für die Bedienungsmannschaft nahm kaum den vierten Teil des Gesamtrauminhaltes ihres Flugapparates in Anspruch.

In manchen Dingen glich er unseren Maschinen, mit Ausnahme vielleicht der größeren Einfachheit der Kontrollapparate.

Statt der Turbinen für den Startbeginn war ihr Schiff mit einem äquatorial drehenden Band versehen, was einen sofortigen, leichten Auftrieb erlaubte.

Wir nahmen die Besatzung dann in unsere Werkstatträume zur Besichtigung unseres letzten Flugapparates mit, mit dem wir gerne ihren Besuch erwidern wollten.

Sie zeigten ein großes Interesse für alle Datails, drückten ihre Befriedigung aus und erklärten uns, daß es sehr wohl möglich sei, unsere geplante Reise damit zu verwirklichen. Wir luden sie daraufhin ein, wiederzukommen und bei uns zu bleiben, was sie gerne annahmen, indem sie uns versicherten, daß sie deswegen gerne wiederkommen würden.

Wir begleiteten sie dann zu ihrem Schiff, das sie mit einem letzten Zeichen, das „Auf Wiedersehen" bedeutete, betraten. Die Tür wurde hermetisch verschlossen, der Apparat begann äußerlich zu leuchten und erhob sich in die Luft.

Sofort schlossen sich die anderen vier in Formation an, und alle entfernten sich sehr schnell.

Der Besuch hatte einen solchen Erfolg, wie wir es kaum erhofft hatten; es sollte also Zusammenarbeit und Verständigung geben. Wir machten uns sofort daran, ein Spezialsystem für Licht- und Tonzeichen auszuarbeiten, um uns besser verständigen zu können. Überdies sollte es nicht allzu schwer sein, die Sprachen zu koordinieren, um uns gegenseitig auszusprechen.

Aus den wenigen Worten, die sie untereinander gewechselt hatten, konnten wir entnehmen, daß ihre Sprache keine harten, gutturalen Konsonanten und keine nasalen oder gehauchte Vokale enthielt. Man konnte sie leicht in die Gruppe der neolatinischen, speziell der italienischen oder spanischen Sprache einreihen, es sei denn, daß Vokale und Konsonanten wesentlich klarer und reiner aus ihrem Munde kamen und die Worte kürzer und verbundener gesprochen wurden, als dies bei uns der Fall ist.

Der zweite Besuch

Es ist nicht unsere Absicht gewesen, uns in diesem Buch mit der Schilderung unserer Studien und Arbeiten aufzuhalten, sondern vor allem von unseren Verbindungen zu den Bewohnern des Mars zu berichten.

Unsere dortigen Kollegen hatten den aufrichtigen Wunsch, mit uns zusammenzuarbeiten, und wir machten uns unverzüglich an die Aufgabe, die letzten Vorarbeiten für die Überwindung der Anziehungskraft der Erde zu bewältigen.

Die Flugapparate boten hinsichtlich Schnelligkeit und Steuerung keinerlei Probleme. Die wirklichen Probleme, die es zu lösen galt, bezogen sich auf den Widerstand gegen hohen Druck oder dessen völliges Fehlen und den Widerstand gegen die durch die unvermeidliche Reibung entstehende Erhitzung durch atmosphärische und stratosphärische Elemente.

In beiden Richtungen hatten wir gute Fortschritte gemacht. Für die erstere plante man ein Schiff mit dreifachem Panzer mit zwei isolierten, absolut luftleeren Räumen. Das zweite Problem wurde durch ein Element gelöst, das nicht nur ein perfekter elektrischer Leiter, sondern auch außerordentlich hitzebeständig sein mußte.

Es gelang, für den äußeren Panzer eine Legierung zu erreichen, die unter den üblichen Umständen 6.000 Hitzegraden standhält, mit Elektrizität geladen, einen Widerstand ohne Grenzen bietet, sich dabei in hochkonzentrierte Energie verwandelnd, also bei Erhöhung der Geschwindigkeit auch energetische Kraft gewinnend.

Die erhöhten Punkte, mit denen das Äußere des Marsflug-zeuges versehen war, brachten uns zur Lösung verschiedener Probleme.

Genau einen Monat nach dem ersten, erhielten wir den zweiten Besuch der Boten vom Mars, welche diesmal mit sechs Maschinen kamen, von denen fünf jenen vom ersten Besuch glichen, die sechste aber von wesentlich größeren Ausmaßen war und die Form einer Scheibe oder vielmehr eines sehr abgeplatteten Brummkreisels hatte.

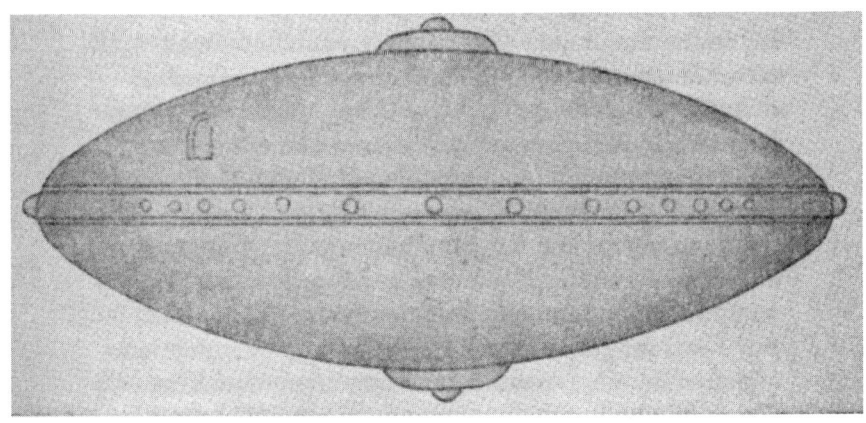

Das riesenhafte Mars-Weltraumschiff

Das riesenhafte Mars-Weltraumschiff

Diesen Apparat konnte man in fünf Abteilungen aufteilen: Die Zentrale mit größerem Durchmesser, zwei Abteilungen, eine größer und eine kleiner als die Zentrale, welche eine feste Einheit bildeten, und die letzten zwei Abteilungen, die äußere obere und die äußere untere, beweglich oder vielmehr kreisend wie zwei Turbinen, die sowohl in einer Richtung als auch entgegengesetzt drehen konnten und so den Impuls (Antrieb) für das Höherfliegen oder Herabfliegen gaben.

An den vier entgegengesetzten Punkten des Mittelstreifens befanden sich vier Turbinen, kleiner als die beiden erstgenannten, mit denen das riesenhafte Schiff in die gewünschte Richtung gelenkt werden konnte.

Dieser gigantische Apparat war wundervoll anzusehen und mußte sicherlich eine unheimliche Kraft entwickeln können. Sein größter Durchmesser war ca. 60 m, die Höhe belief sich auf ca. 18 Meter.

Jedem der ersten Schiffe entstiegen drei Personen, die auf die große Scheibe zugingen.

Sogleich öffneten sich hier zwei Türen, aus welchen 28 Männer traten. Der Führer, der uns schon beim ersten Mal besucht hatte, begleitet von zwei anderen Männern, näherte sich uns mit einer liebenswürdigen Verbeugung, die wir ebenso erwiderten. Wir wagten, ihnen die Hand zu einem herzlichen Händedruck zu reichen, den sie in derselben Weise erwiderten.

Man führte uns sofort zu der Riesenscheibe, wies auf zahlreiche Materalien hin, die für unsere Arbeitszentrale bestimmt waren, und fragte, wo man sie unterbringen könne. Das Ausladen erfolgte dann mit Hilfe unserer Leute. Nachdem das Weltraumschiff entladen war, wurden wir zu einer kurzen Inspektion aufgefordert und in das Innere des Schiffes eingeladen. Auf den ersten Blick erkannten wir die unerhörte Stärke der Konstruktion, die trotzdem aus sehr leichten Materalien gemacht war.

Diese Inspektion dehnten wir nicht allzusehr aus, da das Schiff dableiben sollte mit seiner Besatzung, die aus Mechanikern, zwei Ärzten, drei Physikern, zwei Astronomen, Spezialisten der politischen und religösen Wissenschaften, zwei Ernährungsspezialisten und drei Fachleuten, die sich speziell der Interpretation und Anpassung der Sprache widmeten, bestand.

In unserem Lager wurden 22 Sprachen gesprochen, aber keine davon war für diesen Fall geeignet; trotzdem die Sprache der Besucher manche phonetische Ähnlichkeit mit den neolateinischen Sprachen hatten, war nichts davon zu verwenden. Ich, der dieses Buch schreibe und selbst sechs Sprachen spreche, vervollständigte die Abordnung, die sich damit befassen sollte, eine mögliche Koordination der Sprachen festzulegen, um die gegenseitige Verständigung zu erleichtern.

Nachdem Ausrüstungen und Gepäck untergebracht waren, teilte sich die Mannschaft der fremden Besucher in zwei Gruppen: 15 Personen zur Linken und 28 zur Rechten des Führers, der nun die letzteren als diejenigen vorstellte, die bei uns bleiben würden. Danach überreichte er im Namen seines Planeten unserem Chef ein Dokument.

Er zog aus einer aus reinstem Gold bestehenden Rolle ein 30 x 30 cm großes Blatt aus glänzendem, weißen Metall von der Stärke des bei uns üblichen Papiers. Das Metallblatt trug erhaben geprägte Goldbuchstaben in einer Schrift, die von einer Art Wappenschild gekrönt war, gleichfalls in Reliefarbeit, welches das planetarische Sonnensystem darstellte. Zwei Monate später hatten wir die genaue Übersetzung des Inhaltes:

LOGA
der Weltenbruder im unermeßlichen Raum
grüßt in Verehrung und Freundschaft
DOGUE
mit dem aufrichtigen Wunsche, daß alle Menschen
sich vereinigen, die in einem einzigen Geiste leben,
in dem unendlichen Geiste, für dessen Glorie und den
ewigen Frieden.

Die Unterschrift bildete ein Reliefsiegel, das den Globus Mars darstellte. Dieses Zeichen ist das ausschließliche Privileg des obersten Führers.

Man übergab uns also eine Botschaft im Sinne aller Marsbewohner, die wundervolle Gedanken enthielt.

Lebten wohl die Bewohner des Mars in vollkommener universeller Brüderlichkeit mit den anderen Welten? Wurden sie von einem einzigen Oberhaupt geleitet oder regiert? Ob sie von einem religiösen Prinzip geleitet wurden? Herrschten dort keine Rassen-diskriminierungen?

Existierten auf den Karten des Mars nicht die angeblichen Linien, Grenzen genannt, welche den Haß zwichen seinen Bewohnern dokumentieren sollten?

Welch klägliche Rolle würde die Erde in dem Konsortium der Welten spielen? Welch dunkles Bild! Würde unser Planet nicht ein wilder Rebell in der Harmonie der Welten sein?

Wir, die wir uns völlig aufrichtig der Forschung gewidmet haben, müssen kategorisch erklären, daß wir zutiefst von der Erkenntnis der Gottheit, dem universellen religiösen Prinzip erfüllt sind.

Die bedrückten Überlegungen, zu denen uns die Vorkommnisse auf dieser Welt zwangen, bestätigten mehr und mehr unsere Gefühle.

Nachdem die kurze Feierlichkeit beendet war, tauschte das Personal, das auf der Erde bleiben sollte, mit dem Führer und seinen Belgeitern den Abschiedsgruß, indem sie den rechten Arm nach oben streckten, ihn dann nach der Stirn führten, vertikal zum Körper, um ihn dann zu senken.

Wir interpretierten den Gruß als Kennzeichen ihres Gestirns, als Treueschwur und bedingungslosen Gehorsam.

Denselben Gruß richtete ihr Befehlshaber an uns, von allen sekundiert, und wir, instinktiv einer nach dem anderen, erwiderten ihn. Sie gingen dann weg zu ihren Schiffen und stiegen sofort ein. Der Führer, der als letzter das Schiff bestieg, grüßte nochmals, um dann seinen Platz einzunehmen. Die Flugobjekte erhoben sich nacheinander und verschanden, indem sie sich nach Osten wandten, in großer Höhe.

Sie kehrten, wir waren dessen sicher, nicht nach dem Mars zurück, sondern nach ihrem irdischen Stützpunkt. Auf welchem Teil der Erde dieser wohl liegen mochte? Wir wußten es noch nicht.

Diejenigen Marsianer, die bei uns blieben, wandten sich zu ihren Apparaten und verbrachten die ersten Nächte und einen Teil des Tages an Bord, um sich zu akklimatisieren und an die Umgebung zu gewöhnen. Nach vier Tagen bezogen sie dann das für sie bestimmte und im voraus hergerichtete Gebäude.

Der beabsichtige Zweck ihres Besuches war eine gegenseitige Verständigung und der Austausch wissenschaftlicher, technischer und kultureller Erkenntnisse.

Jede Abordnung begab sich sofort mit dem größten Eifer an ihre Arbeit. Die schwierigste war im Anfang die Sprachverständigung, und ich war damit beauftragt, auf diesem Gebiet zu arbeiten.

Zehn Tage später hatte unsere Kommission bereits eine klare Auffassung von der neuen Sprache und ihren hauptsächlichsten Bedeutungen. Die Richtlinien für ein genau umrissenes Programm bestimmten das absolut Notwendige für eine gegenseitige Verständigung, auch für die Entwicklung dieses Programmes, das genau festgelegt war.

Grundlegende Regeln:

1. Unsere Apparte für die geplante Reise auszurüsten und vorzubereiten.
2. Austausch der geographischen Kenntnisse beider Planeten.
3. Austausch der kosmographischen Kenntnisse des Sonnensystems.
4. Studium der physischen Konstitution des menschlichen Körpers für die Anpassung an andere planetarische Verhältnisse.

Die Sonnenenergie kann man in zahllose gleichartige Anwendungen wandeln, genau wie wir es mit der Elektrizität machen, was im Grunde dasselbe ist. Die Marsianer machen fast ausschließlich von dieser Energie Gebrauch, deren Akkumulation (Aufspeicherung) sie durch eine wundervolle Methode aus den Sonnenstrahlen erreichen.

Die kompakte Festigkeit und enorme Kapazität der Akkumulation, welche bestimmte metallische Elemente durch die Behandlung in flüssigem Zustand während des Schmelzens durch eine erhöhte elektrische Spannung erhalten, ist geradezu erstaunlich. Das Metall nimmt in einem hybriden Zustand eine überraschende Empfindlichkeit für die Energie an. Auf diese Weise wurde die Panzerung unserer Flugzeuge umgestaltet.

Große Überraschungen wurden uns auf geographischem Gebiet zuteil, denn während sie die Erde fast so gut wie wir kannten, wußten wir vom Mars so gut wie nichts. Sie besaßen von der Erde sehr detaillierte Karten, woraus man schließen konnte, wie genau sie diese erforscht hatten. Das war sicher; und wir erfuhren recht erstaunliche Angaben.

Seit dem ersten Weltkrieg hatten die Marsianer unseren Erdball systematisch erforscht: sie waren im August 1917 zum ersten Male gekommen.*)

Ihr erster Besuch damals, der unglücklich ausging, fand mit vier Flugschiffen statt. Nur zwei davon konnten zurückkehren; immerhin mit genügend Erfahrungen für die folgenden Expeditionen. Der zweite Besuch, im Mai 1936, hatte einen vollen Erfolg.

Wiederholt hatten sie auf dem Mars Lichtzeichen erhalten. Als Marconi bei seinen Experimenten mächtige Strahlenwellen nach anderen Planeten sandte, mehrten sich die Reisen nach der Erde.

Der letzte Weltkrieg, von dem sie volle Kenntnis hatten, verursachte, daß sie keine Verständigung bekamen. Es gab zuviel Uneinigkeit, zuviel Wut und zuviel Haß zwischen den Menschen. Wären ihre guten Absichten auch verstanden worden? Nach Ende des Krieges erneuerten sie ihre Erkundungsreisen.

Es ist wahr, daß sich bei einem dieser Flüge ein ernster Zwischenfall ereignete, da man damals nicht verhindern konnte, daß sich ein irdisches Flugzeug zu sehr näherte und dadurch eine furchtbare elektrische Entladung verursachte, die es buchstäblich pulverisierte.**)

---

*)   Wir beziehen uns hier auf ihre Besuche und systematischen Erforschungen, denn höchstwahrscheinlich datieren ihre Besuche schon auf zweitausend Jahre und länger zurück.

**) Der Bericht des Augen- und Ohrenzeugen über den Absturz von USAF-Hauptmann Thomas Mantell kann in "Dick Millers Kontakte mit Sternenmenschen", S. 13, nachgelesen werden (VENTLA-Verlag).

Das Vorstehende bestätigt uns, daß, wenn sie die Erde noch genauer kennen würden, den Menschen nicht immer zu trauen sei.

Ungefähr dreißig Marsianer waren an verschiedenen Teilen der Erde abgesetzt worden.

Ein Marsianer, der in einer großen Stadt untertaucht, kann unbemerkt bleiben. Auf diese Weise hat man auf dem Mars Kenntnisse über Washington, New York, Rom, London, Paris, und man weiß etwas über die Sprachen der entsprechenden Länder. Auf diese Weise versuchte man dann schließlich zu einer Verständigung zu gelangen.

Man war auch daran interessiert, ein klares Bild über die Psychologie der Menschen zu bekommen. Das Bild bot sich freilich meist sehr unerfreulich dar. Später, als wir nach dem Mars gelangten, kamen wir zu völliger Klarheit über die Auffassung, die sich gebildet hatte, und wir mußten sie als wahrheitsgetreu bestätigen. Augenblicklich scheint es wohl so, daß bei ihnen die Vereinigten Staaten von Nordamerika und die Staaten des Atlantikpaktes einen relativ besseren Ruf genießen, weil sie diese in ihren Absichten für aufrichtig halten. Sie trauen nicht den Asiaten und auch nicht den Russen, die nach ihrer Auffassung die größte Gefahr für unser friedliches Fortbestehen bedeuten.

Aus diesem Grund fiel es uns nicht schwer, sie davon zu überzeugen, Verbindung mit uns aufzunehmen. Aber wir hatten uns schon verstanden, und wir verfolgten dasselbe Ziel.

Geographisch konnten wir einen besseren Beitrag liefern, obschon sie uns mit vielen ihrer perfekteren Beobachtungsinstrumente überlegen waren und vor allem, weil sie verschiedene Planeten -

sie kannten übrigens drei mehr als wir*) - schon mit ihren Flugobjekten besucht hatten.

Auch der Mond, der für sie nur eine Zwischenstation bedeutete, brachte für uns einige Überraschungen.

Betreffs der Lebensanpassung des einen oder anderen boten
sich weniger große Schwierigkeiten, als wir zuerst angenommen
hatten. Auf dem Mars ist die mittlere Temperatur wesentlich nie-
driger als auf der Erde. Trotzdem gibt es auf der Erde bewohnte
Gegenden mit sehr ähnlichen Temperaturen wie auf dem Freund-
planeten. Die mittlere Temperatur auf dem Mars entspricht der
unseren von ungefähr 10 Grad Celsius, jedoch aus verschiedenen
Gründen der atmosphärischen und geologischen Gesetze sind die
Auswirkungen nicht die gleichen.

Für die Bewohner des Mars ist unser Klima durch seine schwere Atmosphäre sehr drückend.

Die Erdbewohner hingegen werden auf dem Mars das Gefühl
haben, sich in einer Höhe von sechstausend Metern über Meereshöhe zu befinden.

Da unser Studienzentrum in der Anden-Region in viertausend
Meter über Meereshöhe liegt, und zwar mit einer mittleren Temperatur von zwei Grad, ist die leichte Anpassung unserer Marsianer
verständlich. Ein längerer Aufenthalt in niedrigeren Regionen oder
am Meer würde im Organismus der Marsianer durch den hohen
atmosphärischen Druck unangenehme Folgen haben, genau wie

---

*)   Siehe die Übersichtstafel (von K. Veit) in "In kommenden Tagen" von
      Ashtar, Seite 76, VENTLA-Verlag. D.H.

wir unter den umgekehrten Verhältnissen in der Höhe auf dem Mars zu leiden hätten.

Die enormen Unterschiede während des Fluges werden durch eine entsprechende Anpassung im Innern der Schiffe ausgeglichen, die vollständig die sonderbare Kleidung der Menschen überflüssig macht, wie sie in den normalen Flugzeugen mit Überschallgeschwindigkeit üblich ist. Vermittels Sauerstoff, Temperatur und dem entsprechenden Druck wird während der ganzen Reise Angleichung im Inneren des Schiffes erzielt.

Auch die Ernährung bildet durchaus kein ernstes Problem. Die Marsianer führten eine große Reserve an Nahrungsmitteln in komprimierter Form, hauptsächlich Zerealien, mit sich. Viele davon werden auf dem Mars angebaut. Sie mußten jedoch von diesen Reserven nicht allzuviel Gebrauch machen, da unsere Ernährung auch für sie sehr befriedigend war, genau wie sich für uns später ihre Lebensweise als ganz ausgezeichnet herausstellte.

Botschaft an die Bewohner der Erde

Das Interesse der Marsianer, in enge Verbindung mit uns zu treten, war wirklich aufrichtig gemeint, zumal sie ihre technischen und wissenschaftlichen Kenntnisse ohne Rücksicht und Einschränkung geradezu an uns verschwendeten. Sie entwickelten einen Eifer, wie es Apostel für ihren Glauben tun. Sie waren davon überzeugt, daß sich zwischen unseren beiden Planeten und ihren Bewohnern gemäß einem universalen Gesetz Ähnlichkeiten und Gleichheiten ergeben könnten, auch wenn man die verschiedenen unwesentlichen Unterschiede bei den einen oder anderen in Betracht zog. Durch dieses Universalgesetz bestehen Analogien zwischen allen anderen Planeten und ihren Bewohnern. Genau wie auf jedem Planeten es bei Landschaften und Bewohnern mehr oder weniger entwickelte Teile gibt, so gäbe es auch im Universum Welten und Planeten mit höherer Entwicklung als andere. Die verschiedenen Umstände der Lebenshaltung, der Entfernungen, des Kraftzentrums, in unserem Falle die Sonne, sind ein Faktor von höchster Wichtigkeit für einen höheren oder niederen Grad der Entwicklung. Die Folgen, die sich im Erkennen der exakten Gesetze ergeben können, sind unvorstellbar. Wir erkannten völlig klar die Beweggründe und Bestrebungen der Marsianer; sie sind auf wissenschaftlichem Gebiet im hohen Grade fortgeschritten und zu gleicher Zeit von größtem Idealismus beherrscht: Missionare eines universellen Gedankens!

Die Gestaltung und die Beschaffenheit der Welten geben ihren theoretischen, philosophischen, wissenschaftlichen und religiösen Systemen einen unerhört gefestigten Zusammenklang von klaren, wohlfundierten Erkenntnissen, welche der Forschung einen ganz bestimmten Weg weisen. Das ganze Universum, unser

Makrokosmos, ist eine in Gesetzen verankerte Realität. Seine Komponenten sind ebensolche Realitäten, wie es auch die Teile dieser Komponenten wieder sind.

Die exakten Gesetze, welche das Atom von jedem Molekül beherrschen, wiederum das Molekül und die Zelle von jedem Organismus und die Organismen eines jeden Körpers, sind identisch mit denen, die im Weltraum dem Satelliten mit dem Planeten, dem Planeten mit dem Gestirn und dem Gestirn mit dem Universum entsprechen.

Das grundlegende Gesetz des Mikrokosmos, das im Atom wirkt, ist das gleiche, was den Makrokosmos, das Universum, bestimmt. Wie kann die Menschheit zur Lösung so vieler Probleme kommen, die ihr den Weg zum Licht versperren, wenn für die einen die Welt einen Ursprung hat, während es für die anderen irgend etwas ganz anderes ist. Das moralische Prinzip ist für viele verschieden; für den einen ist Gott Realität, für den anderen eine Fiktion. In ein und derselben wissenschaftlichen Forschung weichen die Prinzipien von Anfang an oft voneinander ab. Das kann nur ein Chaos verursachen, aus dem die Menschheit niemals Resultate für ihre Fortschritte gewinnen kann.

Den Marsianern gelang die Feststellung sehr entscheidender, wirklich unveränderlicher Prinzipien, also nicht verdrehte, sondern unumstößliche Wahrheiten. Das hat sie zu einem Grade hoher Vollkommenheit, zu einer überragenden Stellung, gebracht.

Wenn dasselbe Prinzip von den einen verteidigt, von den anderen widerlegt wird, so muß es notgedrungen den einen zum Irrtum führen und in größte Verwirrung stürzen, während es den anderen die Wahrheit offenbart.

Über den Ursprung von Materie und Leben schweifen wir noch in absurden Überlegungen.*)

Wie könnten wir zu bestimmten Schlüssen über gewisse Prinzipien, über die Positivität bestimmter Gesetze und über die grundlegenden Theorien mit Sicherheit kommen, wenn das, was wir heute als sicheres Piedestal betrachten, sich morgen als vergänglich erweist und durch andere, wiederum unsichere Theorien ersetzt wird?

Wie können wir religiöse, wissenschaftliche, ja, noch nicht einmal politische Prinzipien aufstellen, wenn wir als Basis unserer Welt die absurde Theorie der materialistischen Evolution anerkennen? Hat eine niedrige Sache jemals höhere Ergebnisse hervorgebracht? Auch auf dem Gebiet der Erfahrung haben primäre Elemente weder eine Perfektion, noch nicht einmal die geringste Transmutation erzeugt. Noch niemals wurde Silber in Gold, Eisen in Blei oder Wasserstoff in Sauerstoff verwandelt. Noch weniger fand man die Spur der Verwandlung eines Minerals in Pflanzliches, einer Pflanze in ein Tier oder eines vernunftlosen in ein intelligentes Wesen. Aber von einer Gattung zur anderen fand sich ein Weg, und die Anstrengungen in dieser Richtung haben nur kleine Varianten oder katastrophale Monstren hervorgebracht. Und wenn es die Wissenschaft mit allen Anstrengungen nicht fertiggebracht hat, wie konnte es die Natur vollbringen, die der Entwicklungstheoretiker als blinde Materie betrachtet?

---

*) Man vergleiche die verschiedenen Weltentstehungs-Theorien. D.H.

Wenn die Wissenschaft in ihrem Fortschritt von einem axiomatischen Grundprinzip*) ausginge und langsam zu einem zweiten Schritt voranginge und damit zu einer unveränderlichen Basis für eine dritte Stufe käme, dann hätten wir eine Reihe wohlfundierter, fester Fortschrittsskalen, die zu unabsehbaren Zielen führen würden. Aber wenn die erste Stufe dieser Skala ins Falsche führt, dann wird jeglicher weiteren Gedankenarbeit Logik und Verstand fehlen.

Die Menschheit erfährt oft, was dem Chirurgen auf medizinischem Gebiete widerfährt: ein chirurgischer Eingriff, auf einer falschen Diagnose basierend, wird mit einer verhängnisvollen Wunde und sogar manchmal mit einem Todesfall enden. Die Menschheit tut viele Dinge, die lächerlich, nutzlos, ja, oft verhängnisvoll sind. Die menschlichen Anstrengungen, zum Beispiel auf dem Gebiete der Fortbewegung sind empfehlenswert; aber gleichen ihre Vorteile die enormen Zerstörungen aus, die sie verursachen? Ein Land wird jedem seiner Bewohner ein Automobil bieten können. Aber auf der anderen Seite: wieviele Millionen Tonnen Rohstoffe entziehen wir der Erde? Wieviel Millionen Tonnen täglich an Kraftstoff, Gas, Kohle, Erdöl etc. entreißen wir täglich ihren Eingeweiden?

Das Gewicht unseres Planeten ist festgelegt. Kann dieses Gewicht auf die Dauer einen unbegrenzten Verlust ertragen? Welche Konsequenzen wird die Spaltung des Atoms bringen? Wir brauchen Millionen menschlicher Energieeinheiten, Millionen Tonnen an Rohstoffen, um Materie zu zerstören, um als letztes Resultat nur Zerstörung zu erhalten.

---

*) Ein Grundprinzip, das keines Beweises bedarf. D.H.

Wir werden unseren Planeten aus dem Gleichgewicht bringen, was gezwungenermaßen, auf grund des Gesetzes vom Ausgleich, auch das Gleichgewicht der anderen Planeten unseres Systems stören wird.

Genau das beunruhigt ihre Bewohner, und deshalb kommen sie uns zu Hilfe, um uns zu einem anderen Kurs zu bewegen. Hören wir endlich auf mit unserem selbstzerstörerischen Tun, und laßt uns die wunderbare Kraftquelle in Anspruch nehmen, welche die Sterne bewegt und das Universum beherrscht!

Daher legten die Marsianer Wert darauf, daß wir ihren Planeten kennenlernen, ihre Regierung, ihr Leben und ihre Fortschritte.

Letzte Vorbereitungen zum Flug auf den Mars

Die Arbeiten gingen sehr schnell voran. Wir hatten also die Verbindung zwischen zwei Welten hergestellt! Die schnellen Fortschritte erfüllten uns mit tiefer Befriedigung und verliehen uns den nötigen Optimismus und die Begeisterung, die auch Sicherheit des Erfolges vermitteln. Die Marsianer beherrschten die Materie mit überragender Geschicklichkeit und einer tiefen Kenntnis der physikalischen und chemischen Eigentümlichkeiten der Grundstoffe, so daß sie Kombinationen und widerstandsfähige Legierungen, Härten und andere Eigenschaften erzielten, die wir bisher nicht erreicht haben.

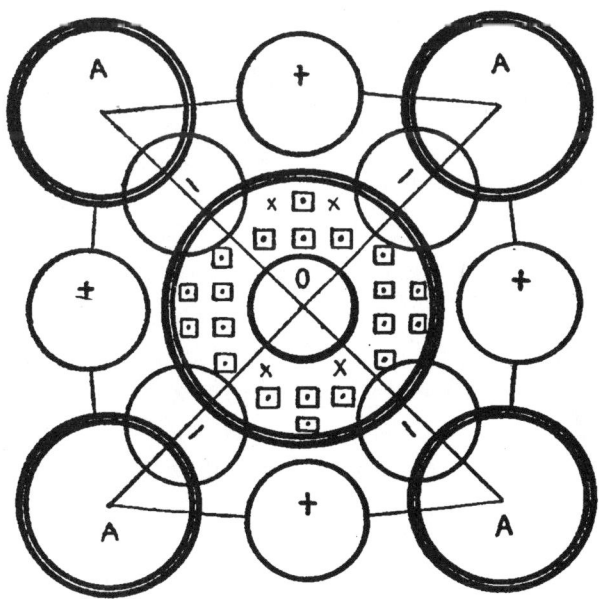

Unser mächtiger Sammler für die Thermo-Sonnenenergie mit einer Kapazität von hunderttausend Kilowatt. O.-Sammler, A.-Kondensatoren und Akkumuatoren, X.-Magnetisches-Solar-Antennenfeld.

Die physikalische Struktur des Planeten Mars ist der irdischen ähnlich, so daß es keiner verzögernden Forschungen bedurfte.

Die Wärme und die motorische Kraft wurden durch die Konzentration der Sonnenstrahlen durch einen gläsernen Empfänger in Form einer Kuppel erreicht. Während der Monate intensiver Arbeit fanden häufig Inspektionsbesuche der marsianischen Chefs statt, ja, man kann sagen, daß diese Besuche routinemäßig erfolgten.

Drei riesige Maschinen standen schließlich bereit, um den unendlichen Ozean des Weltraums zu durchkreuzen.

Von völlig runder Form bestand jedes Flugobjekt im Innern aus einem in zwei Abteilungen geteilten Raum: eine Abteilung für das Personal, die anderen für die größeren Instrumente. Diese letztere war durch vier Panzer von außerordentlicher Stärke abgeschützt und in sich in drei Kammern aufgeteilt, die beiden äußeren absolut luftleer; die letzte bildet die Verbindung mit dem Inneren. In dieser letzteren, die zum Teil transparent ist, wurden Mitglieder der Besatzung untergebracht. Die äußere Hülle, von gleichfalls runder Form, war ein mächtiger Strom- und Wärmesammler. Letzterer kann gleichfalls für Energie umgewandelt werden, ist mit Spitzen und Zapfen versehen und besitzt eine enorme elektromagnetische Kraft. Zwei mächtige Turbinen, kleinen Türmen ähnlich, die den Antrieb geben, befinden sich oben und unten, während drei kleinere, über die äußere Oberfläche verteilt, die Richtung bestimmen. Starke Kondensatoren können für den Notfall eingesetzt werden. Ein Minimum dieser Kraft sichert die Landung der Maschine, die auch auf dem Wasser stattfinden kann. In diesem Falle wird das Äußere abgekühlt, was durch das Neutralisieren des magnetischen Stromkreises erreicht wird. Enorme Mengen an Sauerstoff, konzentrierten Lebensmitteln und alles voraussichtlich Notwendige wird im Innern gestapelt. Nichts könnte die Marsianer überraschen.

Drei Monate intensivster Probeflüge über weite Entfernungen und lange Dauer bereiteten auf den historischen Augenblick vor.

Die Reise wurde zu Ehren des großen Genueser Entdeckers „Expedition Kolumbus" genannt, der damals die Verbindung mit einer neuen Welt gebracht hatte, von der aus eine Epoche ausgehen sollte, deren Reichweite in der Macht Gottes und der Geschichtsentwicklung lag. Die Schiffe, die mit religiösem Ritus getauft wurden - zählten doch zu unserer Institution zwei hervorragende Priester -, wurden „LOGA", „DOGUE", „CUNI" - d.h. „MARS", „ERDE", „BÜNDNIS", genannt.

Jedes der Schiffe war im Innern mit einer goldenen Darstellung des größten Botschafters aller Jahrtausende ausgeschmückt, dem wir unser Unternehmen anvertrauten und weihten: CHRISTUS der HERR.

Durch verschiedene Umstände bestimmt, kamen wir überein, daß wir für die erste interplanetarische Reise das denkwürdige, für uns gleichzeitig symbolische Datum des 12. Oktobers festsetzten. Die letzten Vorbereitungen wurden mit der Erregung getroffen, die ein Ereignis mit sich bringt, das sicher das bedeutendste in der Geschichte der Menschheit ist.

Amerika sollte die erste Verbindungsstation für das Unternehmen sein.

Am 28. Oktober stand der Planet Mars in Opposition zur Sonne. Die Erde befand sich zwischen Sonne und Mars, und der Mond zwischen Mars und Erde. Der 12. Oktober war deshalb, auch sogar vom astronomischen Standpunkt gesehen, das genau richtige Datum für den Beginn der Reise.

Das als Besatzung bestimmte Personal für die Weltraumschiffe stand bereit. Die neun ausgesuchten Personen entsprachen allen Anforderungen, um die ihnen aufgetragene Mission zu erfüllen; ein Arzt, ein Priester - zugleich ein bedeutender Astronom -, vier Techniker - zugleich Physiker -, zwei Sachverständige für Soziologie und metaphysische Wissenschaft und der Autor dieses Berichtes als Dolmetscher.

In Anbetracht der Grabesstille, die im Innern der Kabinen während des Sternenfluges herrschen würde, stattete man sie mit besonderen Apparaten für musikalische Wiedergaben, mit Tonbänder für Instruktionen und Spezialprogramme aus, damit unser Nervensystem intakt blieb, desgleichen mit weitreichenden Apparaten für die direkte Funkverbindung mit unserer Basis. Alle diese Zurüstungen, die von höchster Leistungsfähigkeit, Empfindlichkeit und Zuverlässigkeit waren, sind mit besonderer Sorgfalt hergestellt worden.

Am 9. Oktober waren sieben Marsmaschinen zu unserer Arbeitszentrale heruntergekommen, sechs davon brachten die Personen, die uns auf der Reise begleiten sollten. Sie waren flugbereit, und zu unserer Überraschung war jedes der Flugobjekte mit einer mächtigen elektromagnetischen Vorrichtung versehen, mit welcher im Notfall ein anderes Schiff im Weltraum abgeschleppt werden konnte.

Es wurde eine potente Radiostation speziell zur Kontakthaltung mit uns eingerichtet, ohne Zweifel die mächtigste, die bis heute gebaut wurde. Die Marsianer, die vom ersten Augenblick an lebhaftes Interesse für unser System der Radioverbindung zeigten, gaben sich die größte Mühe, unsere Einrichtungen zu intensivster Aktivität zu bringen.

Die Technik der uns besuchenden Fachleute hatte uns außerordentlich bei der Lösung der Probleme zur Überwindung resp. Überschreitung der Anziehungskraft der Erde geholfen. Um der Schwerkraft entgegenzuwirken, wird die elektrische Energie derart umgekehrt, daß die Schiffe, anstatt einen Widerstand zu erleiden, in der Richtung der Sonnenstrahlen angetrieben werden, und seien sie noch so weit von der Erde entfernt. Da die Erde einen gewaltigen Magneten mit den Hauptanziehungszentren an den Polen darstellt, würden unsere Schiffe von der Erdachse abgestoßen werden. Da sich der Mars an der Außenseite der irdischen Planetenbahn befindet, würden wir also durch die Sonnenenergie in direkter Linie auf das Feld seiner Anziehungskraft zu befördert werden.

Es wurde endgültig bestätigt, daß die elektrische Kraft nur eine Manifestation der ungeheuren Energie ist, welche die Schwerkraft beherrscht.

Im Gegensatz zu den üblichen Typen irdischer Flugapparate ist die Atmosphäre für die Marsschiffe eher ein Ballast, d.h. also: je weniger Atmosphäre, desto größer die nutzbare Energie; je geringer äußerer Widerstand, desto weniger Probleme der atmosphärischen Reibung.

Da der Planet Mars wesentlich kleiner ist als die Erde, ist auch seine Atmosphäre und seine Anziehungskraft geringer. Die Reisen der Marsianer zur Erde und unsere Rückkehr vom Mars wären also wesentlich leichter.

Als alles menschlich Vorausschaubare und alle Vorbereitungen abgeschlossen waren, breitete sich am 11. Oktober 1956 die denkwürdigste Nacht über die Erde und für uns die längste aller Nächte.

Eine Ballung von Träumen, Ideen, Gefühlen, erhabenen Hoffnungen erfüllten den Geist und die Herzen von allen denen, die auf der Erde zurückbleiben würden, insbesondere aber von den Auserwählten, denen der Weg zu den Sternen offenstand.

Wie würde dieses grandiose Abenteuer ausgehen? Trotzdem fühlten wir uns nicht als Abenteurer; wir hatten das befriedigende Gefühl einer Mission, des größten Auftrages, dessen Resultate unabsehbare Folgen für den Fortschritt bedeuten könnten.

Würde diese, unsere Mission von Erfolg gekrönt sein? Würden wir unsere geliebte Erde wiedersehen? Ihre Berge, ihre Meere, ihre Sonnenunter- und ihre Sonnenaufgänge? Wir waren daran gewöhnt, uns in die Betrachtung der Himmelskarten zu vertiefen, die uns die Erde als einen unbedeutenden Körper zwischen den Giganten des Himmels zeigten, und wir hatten sie beinahe vergessen; aber heute sollte sie vor unseren Sinnen mit dem Zauber ihrer Schönheit auftauchen, unserer Liebe, unserer Träume und unseren Hoffnungen. Ihre Schrecken, ihre Kriege, ihre Leidenschaften, ihre Ströme des Hasses, ihre unergründlichen Tiefen, ihre erhabenen Berggipfel, das Toben ihrer Meere, der Schrecken ihrer Stürme, das Grollen und Donnern ihrer Vulkane - all dies war für uns in diesen Augenblicken eine Vorstellung mit Lichtern und Schatten, an dem doch unser Herz hing. Niemals hatten wir die Liebe für diese, unsere Erde, so stark gespürt. Schließlich waren wir von der Erde und sind aus Erde gemacht.

Die Hoffnung auf die Rückkehr erleichterte uns den Abschied. Aber, wenn wir auf diesem glorreichen Flug zu den Gestirnen den Tod fänden, könnte man das wirklich Tod nennen? Ist das Verlorengehen zwischen den Sternen wirklich Sterben? Ist der unendliche Raum wirklich ein lastendes Grab?

Welche Größe! Welche Weisheit! Wie herrlich muß der unendliche Geist sein, der solche Wunder geschaffen und geordnet hat! Welche exakten Gesetze, welch ein Geist, für welchen die Welt ein Atom ist und das Atom eine Welt! Unsere seelische Erregung in dieser denkwürdigen Nacht war ebenso verständlich wie unsere Ergebenheit, unsere Ehrfurcht für den Höchsten Schöpfer des Universums. Unsere Anbetung seiner Macht war aufrichtiger, spontaner und hingebender als je zuvor.

Und schon erschien das Morgenrot des neuen Tages, der uns erwartete, am Himmel. Es war der 12. Oktober 1956.

Am 12. Oktober begann unsere Reise

Bereits in den ersten Stunden des Morgengrauens war alles in Bewegung in unserem Lager. So, wie an diesem Tage, hatte sich noch niemals der Geist der Verbundenheit und Brüderlichkeit zwischen den Marsianern und uns gezeigt. Auch die Eingeborenen, die in unseren Diensten standen, verrichteten mit Begeisterung ihre Arbeiten. Alle wurden von einer einzigartigen Erregung beherrscht.

Um zehn Uhr morgens war alles bereit, und es herrschte überall eine ungewöhnliche Stille und Ruhe. Wir alle vereinigten uns nochmals zu einer letzten, bewegenden Feier. Der Direktor unseres Instituts, Martinelli, an der Seite des Mars-Chefs Tage (ausgesprochen Tadsche), verkündete uns, von innerer Bewegung überwältigt, die letzten und schönsten Nachrichten. Der Chef der Marsianer sprach seine größte Anerkennung und Befriedigung für unsere Anstrengungen aus und gab seiner Bewunderung für unsere Arbeit und seinem Glauben Ausdruck, daß die brüderliche Vereinigung der Welten zum Ziele führen würde.

Zum Beweis dafür sprach er den Wunsch aus, mit uns gemeinsam eine ständige Mars-Basis aufzubauen, um so weitere Studien und Experimente ausführen zu können. Tosender Beifall unterbrach diese Mitteilung, und zum ersten Mal sahen wir auch auf den Gesichtern der sonst so beherrschten Marsianer eine heftige Erregung.

„Alle, die wir hier anwesend sind, vom obersten Leiter bis zum geringsten Arbeiter vom Lager, tragen dieselbe Verantwortung und dasselbe Verdienst an diesem Werk", fuhr Martinelli fort.

„In der ganzen Welt streitet man sich und entzieht der Erde Mittel zu Zerstörung und Tod, während wir - den Kosmos durchfliegend - Bruderschaft und Frieden suchen. Gott möge uns beistehen, wie Er es bisher immer getan hat.

Die Wirkung seiner Rede wurde gekrönt durch Tage, der, aufgefordert zu sprechen, nur drei Worte sagte, die keiner Erklärung bedürfen: „SUNDI, DOGUE, LOGA: Gott, Erde, Mars."

Die letzten Anweisungen waren kurz und offenbarten den hohen Geist der Zusammenarbeit mit unseren Verbündeten. Wir kleideten uns in die Anzüge, die uns von den Marsianern beschafft worden waren. Wir hatten sie schon zu Beginn beschrieben; sie waren äußerst leicht und ein perfekter Isolator gegen die Elektrizität.

Der Abflug war auf zwölf Uhr mittags festgesetzt. Die Luftschiffe erhoben sich in zehntausend Meter Höhe, um sich nach dem Nordpol zu wenden, wo sie, eine Ellipse beschreibend, mit Bestimmung direkt nach dem Mond flogen.

Vom Mond aus sollten Schiffe, die vom Mars kamen, unsere Eskorte für die erste Etappe vervollständigen. Jedes unserer Schiffe mit sechs Besatzungsmitgliedern von uns wurde mit drei Marsianern besetzt. Der Konvoi wurde ferner durch die sechs Marsschiffe vervollständigt, die nun einen Kreis schlossen und dann einen Stern mit neun Zacken bildeten und auf diese Weise einen gewaltigen magnetischen Stromkreis herstellten. So hatte man zwei Monate vorher verschiedene Probeflüge und ein Manöver über der Stadt Washington ausgeführt.

Die Geschwindigkeit bis zur Ankunft am Pol würde sechstausend Kilometer betragen, beim Beginn des direkten Aufstiegs jedoch würde dieselbe auf dreißig- bis fünfzigtausend Kilometer pro Stunde erhöht werden. Der Aufenthalt auf dem Mond war auf etwa sechs Stunden vorgesehen. Vom Mond zum Mars würde die Geschwindigkeit schwer zu kontrollieren sein, zum mindesten aber hunderttausend Kilometer pro Stunde erreichen.

Man stelle sich vor, daß diese Apparate außerhalb der Atmosphäre nahe an Lichtgeschwindigkeit kommen würden. Aus diesem Grunde würde unsere Kontrolle nicht im Antrieb, sondern im Abbremsen bestehen, was natürlich beim Eintreten in die Atmosphäre effektiv in Betracht käme.

Von der Abflugbasis bis zum irdischen Pol sollten die Schiffe von unserem Lager aus kontrolliert werden. Bei Beginn des Aufstiegs parallel zur irdischen Achse würde unsere Kontrolle aufhören, und wir würden unter die Kontrolle der Mondbasis kommen.

Um 11.45 Uhr stand jedes Besatzungsmitglied am Fuße seines Schiffes, erhielt den letzten Abschiedsgruß und nahm seinen Platz ein. Unser Direktor umarmte herzlich jeden einzelnen, ohne seine Tränen zurückhalten zu können.

Tage, der Mars-Chef, bestieg mit einem besonders bedeutsamen Abschiedsgruß eines unserer Schiffe: Dogue. Seine Geste flößte allen Sicherheit und Vertrauen ein. Der Abschied zwischen Tage und Martinelli war der schönste und eindruckvollste Anblick. Martinelli steckte an die Hand Tages einen besonders kostbaren Ring, in dem ein großer Diamant eingelassen war, der die Sonne darstellte, um den in entsprechender Größe andere acht eingefaßt waren, die die acht bekanntesten Planeten darstellten; und zwei davon, Loga und Dogue, waren durch Smaragde versinnbildlicht, und auf dessen Innenseite waren die Worte eingraviert: Amicitia et Pax (Freundschaft und Friede).

Ein innige Umarmung krönte die Szene, in der sich durch zwei Wesen zwei Welten umarmten.

Es war 11 Uhr 50 Minuten, als sich die Schiffe mit einer Aura umgaben, die einen phosphoreszierenden Glanz hatte.

Punkt 12 Uhr mittags erhoben sie sich.

Im Arbeitslager herrschte tiefste Stille, während die Augen der Zurückbleibenden nach dem Himmel schauten, um sich dann vor der einzigen Fahne, die über dem Lager wehte, zu neigen - einer großen weißen Flagge mit einer Goldscheibe in der Mitte.

Im Weltenraum

Mitglieder der Mannschaft der irdischen Schiffe waren zwei Italiener, ein Franzose, ein Norweger, zwei Deutsche, ein Holländer, ein Belgier und ein Engländer. Von den Italienern war einer Priester, ein eminenter Gelehrter auf dem Gebiete der thermo-elektrischen Wissenschaft.

Die Schiffe erhoben sich senkrecht und nahmen auf der vorher bestimmten Höhe die Richtung nach dem Nordpol. Die Kabinen waren bequem. Schon von der Erde an waren atmosphärischer Druck, Sauerstoff und Temparatur genau geregelt.

Zu bemerken ist, daß durch besondere Vorrichtungen äußere Luft eingeführt werden konnte, so daß die Reserve an Sauerstoff, in flüssigem Zustand in genügender Menge aufgespeichert, im Bedarfsfalle eingesetzt werden konnte. Es war eine vollständige Ausstattung von Instrumenten für voraussichtliche Forschungen in den Schiffen vorhanden, einige davon auch an deren Außenseite. Spezielle Meßapparate registrierten alle Abweichungen der Instrumente.

Wir empfanden nichts Außergewöhnliches und wandten unsere Aufmerksamkeit vermittels des Periskops auf das Panorama, das uns nur den weißen Reflex der Polareisdecke zeigte.

Auf dieser Strecke wurde die Fortbewegung durch die Turbinen mittels dynamischer Energie erreicht.

Wir nennen dynamische Kraft die in elektromechanische und statische Energie umgewandelte magnetische Sonnenenergie, vermittels welcher die Schiffe durch den magnetischen Impuls fortbewegt werden wie die Radiowellen. Bei Inkontaktkommen mit irgendeiner atmosphärischen Schicht läßt die elektromechanische Energie automatisch die Turbinen in Tätigkeit treten, die, in entgegengesetzter Richtung arbeitend, unverzüglich die Schnelligkeit herabsetzen.

Ein besonderes, durch die Turbinen verursachtes Pfeifen zeigt sofort den Kontakt mit einer anderen atmosphärischen Schicht an, genau wie das Schweigen des Pfeifens ihr Verschwinden anzeigt.

Um 12.55 Uhr zeigten die Instrumente an, daß wir über dem Nordpol waren.

Die seitlichen oder Richtturbinen standen still, und es begann der senkrechte Aufstieg. Nach wenigen Minuten standen auch die vertikalen Turbinen. Sehr schnell nacheinander blieben dann auch die mechanischen Instrumente stehen, ausgenommen die elektrischen Uhren. Das letzte Lebenszeichen der Meßinstrumente zeigte 41.000 Meter Höhe. Welche Gechwindigkeit würden wir erreichen? Das konnten wir erst bei der Ankunft wissen.

Wir fühlten uns wohl und waren froh gestimmt. Die Atmung war normal. Die von unseren Lungen ausgestoßene Kohlensäure wurde aufgesogen und konzentriert, um später entfernt zu werden. Wir hatten nicht einmal das Gefühl einer Bewegung. Es war wirklich überraschend und ein wundervolles Gefühl, wie Lichtatome transportiert zu werden.

Die Aufmerksamkeit aller war auf das Reflektordiagramm (Projektionsfläche des Periskops) gerichtet, das uns von Zeit zu Zeit fesselnde Überraschungen bereitete. Die von dieser Fläche aufgenommenen Filme, die bald der Welt gezeigt werden sollen, werden einen klaren Begriff von unserem Erlebnis geben, das wir wie Zuschauer genossen, die eine Vorstellung von ihrem Theaterplatz aus in sich aufnehmen.

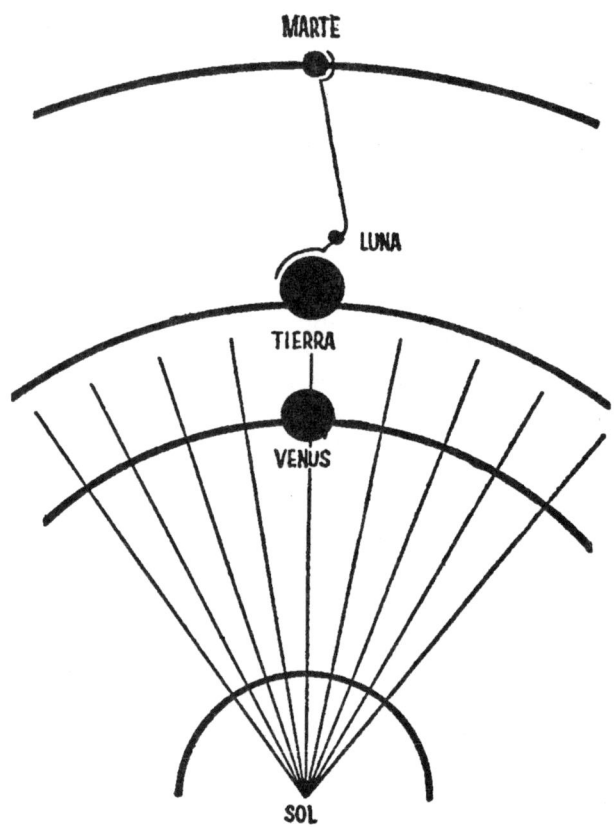

Zeichnung der nach dem Mars unternommenen Reise.

Es war eindrucksvoll, wie sich für einige Augenblicke das irdische Panorama vergrößerte und die ganze Projektionsfläche des
Periskops einnahm, und zwar erkannte man deutlich die Regionen
des Eises, die Konturen der Meere und Kontinente, die sich dann
verwischten, in Nebel auflösten und um 15 Uhr 12 Minuten auf
den äußersten Rändern des Schirmes (von 1 Meter Durchmesser)
die Kugelform der Erde erschien, sich dann verkleinerte und dann
eine andere Kugel, die des Mondes, auftauchte. (Hier muß erwähnt
werden, daß das Periskop mit einer doppelten Linse versehen war,
eine untere und eine obere, die beide auf dem Reflektionsdiagramm
konvergierten.

Die Sicht im Persiskop war so fesselnd, daß niemand den Blick
davonwandte. Während wir dieselbe Richtung weiter verfolgten,
drehte sich die Erde um ihre geneigte Achse, und vor unseren Augen
glitten langsam Alaska, Rußland, Nordeuropa und ein Teil der
Nordküste von Afrika vorbei.

In dem Grade, wie die Erdkugel sich verkleinerte, nahm die
des Mondes zu. Um 17 Uhr 15 Minuten überschnitten sich genau
die beiden Kreise. Die Erde war verschwunden.

Die klare Stimme von Tage, die uns zum Imbiß rief, weckte
uns aus der Verzückung. Die Einladung wurde in Lateinisch und
Englisch wiederholt. Unsere Diät bestand aus vier Vitamintabletten,
zwei Riegeln Schokolade und einem Glas milden Weines, die wir
schnell zu uns nahmen; denn der Bildschirm lockte uns wieder
mit seiner leuchtenden Schau.

Um 6 Uhr nachmittags nahm der Mond den ganzen Bildschirm
ein: Wir konnten schon Berge, gigantische Krater und tiefe Täler
unterscheiden. Plötzlich zog ein neues Schauspiel unsere Aufmerk-

samkeit auf sich. Auf dem Schirm erschienen leuchtende Punkte, die, zuerst einen großen Kreis beschreibend, sich dann formierten, um unsere Eskorte zu bilden.

Wiederum hörten wir die Stimme von Tage, der Befehle erteilte. Die Marsbewohner der Mondbasis waren gekommen, um uns zu begrüßen. Wir waren nur noch wenige Minuten von unserer ersten Etappe entfernt. Die phantastische Eskorte begann einen weiten Halbkreis zu beschreiben: wir waren im Begriff, Kontakt mit der der Erde abgewandten Seite des Mondes zu bekommen.

Indem sich das Schiff neigte, um der Bewegung der Formation zu folgen, wandte sich die Sicht unseres Periskops noch einmal der Erde zu: wir erblickten eine Vision, die wir uns niemals hätten träumen lassen.

Ein enormer Globus, dunkel im äußersten Norden, dessen schwache Ausstrahlung im Südosten sich steigerte. Man konnte vollkommen die zarten Konturen des europäischen Kontinents unterscheiden, heller im Süden, während England und die südliche Küste des afrikanischen Kontinents von Nordwesten her sich im tiefen Dunkel verloren.

Wir kreuzten über dem Mond in einer Höhe von viertausend Metern. Viele der Instrumente gaben langsam wieder Zeichen des Arbeitens und eines leichten Druckes. Die Turbinen zeigten das Vorhandensein einer kaum wahrzunehmenden Atmosphäre; die Geschwindigkeit verringerte sich schnell, und die Schiffe ließen sich auf der weiten und tiefen Ebene eines riesigen Kraters, der hell beleuchtet war, nieder.

Landung auf dem Mond

Die Entfernung von der Erde zum Mond beträgt dreihundert-vierundachtzigtausend Kilometer. Wir hatten diese Distanz mit einer mittleren Geschwindigkeit von fünfundsechzigtausend Kilometern pro Stunde zurückgelegt.

Die bekannte Stimme forderte alle auf, die Spezialmaske an-zulegen, die wir alle hatten und die man beim Aussteigen aus den Schiffen brauchte, da sie mit einer Sauerstoffreserve versehen war. Die Atmosphäre war fast nicht zu spüren und hätte für unsere At-mung nicht gereicht.

Tage war der erste, der den Boden des Mondes betrat. Er wur-de von den 20 Marsianern des Mondstützpunktes umgeben, die sofort heranliefen und sich um uns kümmerten. Dann wandten wir uns sofort nach dem Rand des Kraters, wo die Marsianer eine weite Höhlung in einen komfortablen Schutzraum mit Klimaanlage ver-wandelt hatten. Nachdem wir alle versammelt waren und die Mas-ken abgenommen hatten, genossen wir für einige Minuten unsere Kameradschaft und besprachen die Reise als ein wundervolles Erlebnis. Niemals hätten wir uns die Möglichkeit eines solchen Wagestückes als die natürlichste Reise der Welt vorgestellt! Wie hätten wir an ein Abendessen auf dem Mond denken können, nach-dem wir erst auf der Erde gefrühstückt hatten?!

Nachdem wir wieder die Schutzmasken aufgesetzt und den Schutzraum verlassen hatten, begannen wir ein Stück um den Rand des Kraters zu laufen, der ungefähr hundertfünfzig Kilometer im Durchmesser haben mochte. Zum Unterschied mit irdischen Vul-kanen verlief der obere Rand, der etwa 180 Kilometer im Durchmesser hatte, so exakt, daß man denken konnte, er sei künstlich angelegt. Die Fläche des Kratergrundes war ziemlich eben, mit Ausnahme zahlreicher kleiner, unregelmäßiger Kegel und enormen, unergründlich tiefen Spalten. Die Tiefe der Talsohle, vom äußersten Rande oben aus gemessen, mochte ungefähr fünftausend Meter sein.

Seine physikalische Zusammensetzung ließ nur Lavaschlacke ohne ein Zeichen von Leben erkennen. Der Mond war ein „totes" Gestirn mit einem äußerst kalten Klima, das wir nicht tiefer als vierzig Grad unter Null schätzten. Sein ganzer Anblick zeigte eine Formation, die auf eine plötzliche Katastrophe hindeutete, bei der seine Masse in den Weltraum geschleudert wurde, wo es dann durch die innere Hitze an vielen Stellen zu heftigen Explosionen kam, deren Krater unmittelbar darauf erkalteten.

Die kaum wahrnehmbare Atmosphäre gab unserem Körper ein sonderbares Gefühl der Leichtigkeit, wodurch unser Körpergewicht zu einem Zehntel herabgesetzt schien. Ebenso schienen wir beim Gehen über die Oberfläche getragen zu werden. Alles dies gab uns die Illusion des Schwebens. Es war ein höchst seltsamer Zustand.

Wir fahren in der Beschreibung unserer Reise fort, behalten uns jedoch die ausführliche Schilderung von Daten und Beobachtungen des Mondes für eine weitere Veröffentlichung vor.

Nachdem wir uns auf dem Landungsplatz wieder zusammengefunden hatten, wurden wir aufgefordert, eine riesenhafte Scheibe zu besteigen, die derjenigen glich, welche die Marsianer auf unserem Planeten gelassen hatten. Es gingen sechsundzwanzig Personen an Bord. Die Scheibe erhob sich sofort, überflog den

Krater und nahm dieselbe Flugroute um den Satelliten, die wir zum Landen genommen hatten, diesmal aber in entgegengesetzter Richtung zur Flugrichtung des Mondes.

Wir hatten keine Zeit, uns in das Panorama seiner Oberfläche zu vertiefen, das im Halbdunkel an unseren Augen vorbeiglitt, weil sich schon nach wenigen Minuten ein anderer schöner, überwältigender Anblick darbot: unser irdischer Globus, den wir jetzt nicht durch die Linsen des Periskops erblickten, sondern durch die zahlreichen Luken unseres Flugobjektes.

Eine enorme Kugel mit leuchtenden Linien, im Osten über ein Halbdunkel in tiefe Finsternis übergehend, um auf der entgegengesetzten Seite in lebhaften, purpurroten Strahlen auszulaufen. Der Widerschein des atlantischen Ozeans war scharf begrenzt von den Küsten zweier Kontinente, deren Berge, am Fuße dunkel, sich an den schneebedeckten Gipfeln vergoldeten und sich gegen Halbschattenreflexe abhoben.

Der Leser muß sich vorstellen, daß man die Erde so groß im Vergleich erschaut, wie wenn man den Mond fünfzigmal größer sieht, als wir das von der Erde aus können, und so wird man verstehen, in welcher Größe die Erde von uns gesehen wurde. Hinter der Erdkugel schien ein riesenhafter Reflektor zu stehen, dessen Strahlen hinter ihren Rändern hervorbrachen. Man kann sich kaum eine Vorstellung von diesem Spektakulum machen.

Wir hoffen, baldigst die davon gemachten Filme unseren Freunden zeigen zu können.

Da kaum Atmosphäre vorhanden war, konnte der enorme Diskus nicht langsam genug vorwärts kommen, so daß er nach sechzehn Minuten bereits wieder an der Seite unserer Weltraumschiffe angekommen war.

Nun wurden unsere Flugobjekte nochmals von neuem inspiziert, die schon während unseres Aufenthaltes minuziös überprüft worden waren. Wir sandten eine bewegte Botschaft an unsere Kollegen auf der Erde, um ihnen die Ankunft auf dem Satelliten sowie die bevorstehende Reise zu unserem Endziel zu melden. Nicht ohne Erregung hörten wir völlig klar, wie man es nur in der Stille des Himmelsraumes hören kann, die Stimme von Martinelli, die uns durch das Genie Marconis in der Universalsprache zugetragen wurde:

Mente vos et corde comitamur,
hic, illic ubique universorum
regi laus et guglielmo.

„Wir begleiten Euch im Geist und mit dem Herzen. Hier, dort und auf allen Gestirnen sei Lob dem HERRN des Universums und Guglielmo (Marconi)".

Träumten wir? Es war alles zu überwältigend! Gegenwärtig und auf zwei verschiedenen Welten.*) Wer konnte in diesen Augenblicken den großen Meister vergessen?

Die letzten genauen Anweisungen wurden gegeben. Jeder nahm seinen Platz ein. Der Konvoi wurde um zehn Schiffe vermehrt. Die auf dem Mond stationierten Marsianer flogen mit uns in ihre Heimat zurück. Die Schiffe leuchteten auf und stiegen in die Höhe. Unsere Chronometer zeigten 22 Uhr.

---

*) Durch Funkverbindung. D.H.

Vom Mond zum Mars

Von nun an konnten wir die Schiffe der wunderbaren Kraft überlassen, die ihnen eigen war. Die Geschwindigkeit bedurfte keiner Kontrolle. Sie würde einen Bruchteil der Lichtgeschwindigkeit betragen, das heißt ungefähr dreißigtausend Kilometer in der Minute in der Dunkelheit; bei Auftreten des Sonnenlichts würde sich die Geschwindigkeit verdoppeln, um an der Grenze der Erdanziehung und derjenigen des Mars unbestimmbar zu werden.

Beim Eintritt in die Einflußzone des Mars würde das Rückstoßprinzip ausgeschaltet werden, und wir würden der Anziehungskraft des Mars ausgesetzt.

Man beachte, daß hier defenitiv bewiesen werden konnte, daß die Zentripetalkraft jedes Gestirns negative Energie und seine Zentrifugalkraft positive Energie ist. Dies einmal festgestellt, hören viele Probleme auf, Probleme zu sein, und es eröffnet sich ein immenses Forschungsgebiet.

Wir überließen uns einer völligen Nervenentspannung und dem Schlaf. Die neunzehn Schiffe bildeten einen enormen Energiekreis, achtzehn davon in der Runde und eines in der Mitte, wie das Zentrum eines himmlischen Systems, einfach wie ein Komet, dessen Flugbahn durch die Gravitation anderer Planeten gesteuert wurde.

Der riesenhafte Konvoi begann seinen schnellen Aufstieg. Wir verließen senkrecht den Krater, und nachdem wir eine kleine Kurve beschrieben hatten, nahmen wir die gerade Richtung zum Planeten Mars. Der Mond, in ein sanftes Halbdunkel gehüllt, wurde von der Projektionsfläche in undeutlichen Linien reflektiert. In wenigen Minuten wurden seine Konturen immer schwächer, während von neuem die Erdkugel auftauchte, welche für zwanzig Minuten größer war als die des Mondes. Der Bildschirm war übersät mit glänzenden, lebhaft brillierenden Sternen. Wir schalteten die obere Linse ab, um ohne Störung Erde und Mond zu bewundern, deren Kugeln sich allmählich verkleinerten inmitten eines Meeres von blitzendem Leuchten anderer Sternkörper.

Jedoch Einzelheiten waren nicht erkennbar, da ihr Umriß bereits in Dunkel gehüllt war. Der Mond war nur noch ein dunkler Fleck*).

Auf unseren Schiffen war es inzwischen vierundzwanzig Uhr geworden. Wir hatten drei Millionen Kilometer durchflogen. Im Raum breitete sich ein vages Licht aus. Vom Führerschiff lud Tage zu derselben Diät ein, wie wir sie schon einmal genossen hatten. Wir wurden ermahnt, uns untereinander über abwechselnde Wache und Schlaf von je zwei Stunden zu verständigen. Unser Flug beschleunigte sich und die Erde begann zu verschwinden. Wir waren nun sieben Millionen Kilometer von der Erde entfernt. Die Schiffe erhielten mehr und mehr Antrieb; um sieben Uhr morgens waren sie in glänzende und heiße Sonnenstrahlen eingehüllt und wurden mit einer Geschwindigkeit von achzigtausend Kilometern pro Minute fortbewegt.**) Wir waren nun schon zwanzig Millionen Kilometer von der Erde entfernt. Die Spitzen an der Oberfläche unserer Schiffe strahlten eine Helligkeit von Blitzen aus, wodurch eine schier unberechenbare Energie aufgeladen wurde.

---

*) Da Erde und Mond in Opposition zur Sonne in der Marsflugrichtung standen. D.H.

**) Das entspräche einer Stundengeschwindigkeit von 4.800.000 km. D.H.

Unsere Raumschiffe waren, äußerlich gesehen, Punkte von sehr starkem Leuchten, und sie kondensierten eine unberechenbare intensive Energie. Der Blick nach außen war unmöglich geworden, weil das äußere Licht, das der magnetische Schiffsrumpf ausstrahlte, das verhinderte. Wir blendeten die Sichtluken ab und schalteten das Periskop aus.

Die Funkübertragungen dagegen waren deutlicher denn je. Die enorme elektrische Aufladung des Schiffes gab den Funkwellen Stärke, die nur von unserer äquatorialen Basis aufgenommen werden konnte. Für viele andere irdische Stationen würde das nur ernstliche Störungen bedeuten.

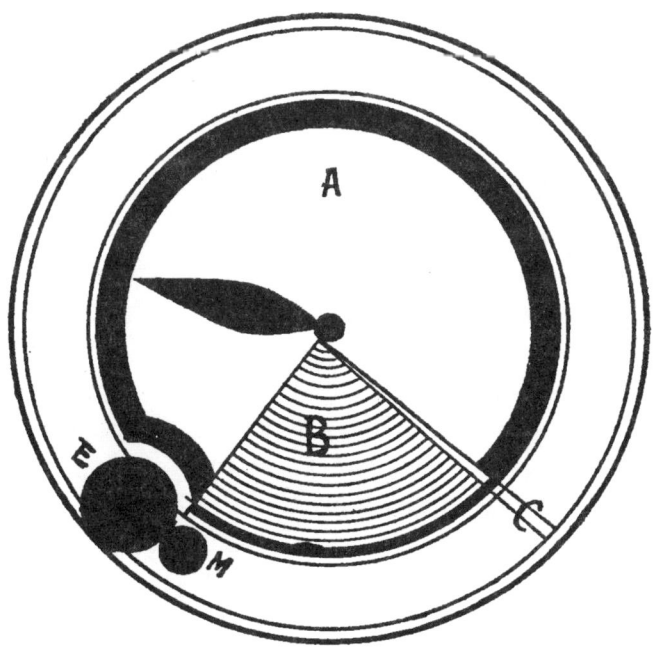

Marsianisches Instrument, welches das Gravitationsfeld zwischen den beiden Planeten Erde und Mars anzeigt. A: Anziehungsbereich der Erde. B: Anziehungsbereich des Mars. C: Neutrales Feld. - E. Erde, M. Mars.

Sowohl mit der Erde als mit dem Mars fand die periodische Verbindung stündlich statt. Um 7 Uhr morgens wurde die letzte Botschaft gesendet und die letzte Antwort erhalten. Die Antwort, wie auch alle anderen, löste größten Jubel aus.

Innerhalb kurzer Zeit würden wir zur irdischen Grenze gelangen, das heißt an die Stelle des Raumes, wo die Anziehungskraft und der Einflußbereich des Mars beginnt. Die Marsianer hatten unsere Schiffe mit einem Spezialinstrument versehen, welches mit großer Präzision diese Demarkationslinie anzeigte. Ein Quadrat, auf dessen Zifferblatt auf der Erde eine Magnetnadel auf der äußersten Linken drehte, beginnt sich dann bis zur entgegengesetzten Grenze zu bewegen. Der Übergangspunkt besteht von einem kleinen, neutralen Feld, auf dem die Nadel eine Reihe von Vibrationen erleidet, um dann bei Erreichung des neuen Feldes eine fortschreitend ruhige Bewegung auszuführen. Im Gegensatz zu unseren Instrumenten zeigen alle marsianischen Instrumente, auch die Uhren, in umgekehrter Richtung an, also von rechts nach links. In diesem Falle ging die Nadel daher von links nach rechts.

Um 10 Uhr morgens flogen die Raumschiffe mit ihrer höchsten gleichmäßigen Geschwindigkeit vorwärts. Wir hatten vierzehneinhalb Millionen Kilometer durchflogen. Um 12 Uhr trennten uns 48 Millionen Kilometer von der Erde. Um 12 Uhr 25 Minuten zeigte das Instrument, dem wir heute unsere ganze Aufmerksamkeit widmeten, heftiges Vibrieren, das heißt wir kamen vom roten (irdischen) in das gelbe (marsiansiche) Feld. Nach 3 Minuten blieb die Nadel ruhig auf dem gelben Feld. Das Schwanken zeigte eine neutrale Zone von ungefähr zweihunderttausend Kilometern an. Auch unsere Schiffe erlitten dabei heftige Stöße; aber bald flogen sie wieder völlig ruhig.

Wir waren in einem anderen Teil des Kosmos.

Die Stimme Tages bot uns ein höfliches Willkommen, was sofort an die Erde weitergeleitet wurde. Wir erhielten auch eine Antwort, aber es war nicht zu verwundern, daß die Radiowellen schon ernstlich gestört waren. Wenn die Wellen von unseren Empfängern aufgenommen wurden, so waren sie doch konfus und unverständlich. Wir hatten das schon vorher vermutet und machten uns darum keine Sorgen. Von nun an würde die klare und direkte Verbindung mit der Erde fast unmöglich sein, aber wir waren auch mit diesen Lebenszeichen in unseren Apparaten zufrieden.

Ein leichtes Gefühl der Schläfrigkeit, das in den letzten zwei Stunden über uns gekommen war, schien nun zu schwinden.

Die Schiffe verfolgten ruhig ihre Bahn, und um 2 Uhr nachmittags hatten wir 56 Millionen Kilometer im Himmelsraum durchflogen. Es trennten uns nun noch 9 Millionen Kilometer vom Mars.

Völlig klar hörten wir die Instruktionen vom Mars und die Anworten von Tage. Die Geschwindigkeit wurde herabgesetzt, wir konnten dem Licht durch die Luken wieder Zutritt geben und von dem Periskop Gebrauch machen. Nach 10 Minuten wurde die Intensität des äußeren Leuchtens der Schiffe geringer. Gleichzeitig wurde die Sicht auf den Bildschirmen klarer, die Geschwindigkeit verringerte sich: sechzig-, zwanzig-, zehntausend, tausend Kilometer pro Minute. Um 14 Uhr fehlten noch fünf Millionen Kilometer bis zum Mars. Um 15 Uhr 30 Minuten waren es noch zweihundertfünfzigtausend Kilometer, die noch zwischen uns und dem Planeten Mars lagen. Die Geschwindigkeit wurde auf dreitausend, zweitausend, tausend Kilometer pro Minute und schließlich auf zehntausend Kilometer pro Stunde herabgesetzt.

Die Sicht auf den Bildschirmen war völlig klar.

Es war 6 Uhr nachmittags.

Es ist unmöglich, den Eindruck und die Erregung zu schildern, die uns befiel. Wir konnten kaum noch klar denken; es war nicht der Einfluß der Umgebung; nein, es waren die Sinne, das Herz, die Seele, welche die grandiose Wirklichkeit kaum ertragen konnten. War das alles Wirklichkeit?

Die Erde! Sie war aus der Nähe ein Gestirn erster Größe, das bedeutendste am Himmel; und nun war unser geliebter Planet ein leuchtender Punkt zwischen tausenden, zwischen Millionen anderer leuchtender Punkte. Und doch war die Erde bewohnt!

Würde der Planet Mars bewohnt sein?
Würde die Erde bewohnt sein?

Was waren die Fragen, die seit Tausenden von Jahren die beiden Welten bewegt hatten.

Die Marsianer wußten es bereits. Heute sollten wir persönlich die Antwort kennenlernen.

Wie klein, wie armselig sind wir Kreaturen doch manchmal! Wir glaubten einst, daß die Welt hinter den Säulen des Herkules ein Ende habe! Die Römer erweiterten den Horizont: es gab mehr Länder, neue Inseln und neue Bewohner in diesen Ländern und auf diesen Inseln. Und abermals glaubte man, eine neue Grenze für die Welt gesetzt zu haben. Christoph Kolumbus wischte auch diese Grenzen erneut aus und zeichnete auf den Globus neue Kontinente und Inseln und begegnete dort Millionen von lebenden Wesen.

Marconi drang in den Kosmos vor, verband die Meere, Inseln und Kontinente und öffnete den Weg in andere Welten.

Und wir zweifeln, daß andere Sterne bewohnt sind? Was ist die Erde? Ein Staubkörnchen in der Unendlichkeit des Raumes! Warum sollte die Erde allein das Privileg des Lebens genießen? Warum sollte der Göttliche Odem, der Leben, Geist und Intelligenz verbreitet, nicht zu anderen Welten gelangt sein? Müssen wir nicht fürchten, daß dieses Nichtglauben uns das Recht zum Leben nimmt, zum mindesten aber aus Mangel an Entwicklung uns den Weg zur Priorität versperrt?

Das war wenigstens unser Eindruck bei der Aufnahme des Kontaktes mit den Marsianern.

Der Satellit SORI SUNE!
SUNE! CUNI ORIN, NANI TALE SORI!

Hallo! Hallo! Schaut nach Osten! Unser Satellit Sori!
Und in der Tat! In etwa tausend Kilometer Entfernung zeichnete sich, durch die Nähe riesenhaft erscheinend, der kleine Satellit des Mars ab, dem HALL den Namen Phobos gegeben hatte.

Schon nahm der Mars den ganzen Bildschirm ein, und vor unseren Augen erschienen tausend geographische Einzelheiten, Binnenmeere, Inseln, Kontinente*). Plötzlich wurde dieses Schauspiel durch eine phantastische Vision unterbrochen: Dutzende, Hunderte, ja Tausende von Flugobjekten glänzten auf der Projektionsfläche.

Die Marsianer kamen zu unserem Empfang mit einer Entfaltung von Größe, Freizügigkeit und Macht, wie wir sie auf der Erde schwer hätten bieten können. Und es war wohl ein Grund vorhanden! War es nicht etwa das größte der Ereignisse, das die Geschichte des Universums verzeichnet?

Um sechseinhalb Uhr nachmittags, achtzehntausend Meter über der Oberfläche, begannen die Instrumente wieder zu arbeiten, drehten sich wieder die Turbinen, und die Raumschiffe verloren etwas von ihrem Glanz. Wir befanden uns in einer ziemlich angenehmen Atmosphäre. Die Flugschiffe, die von dem Planeten

---

*) Nach irdisch-astronomischer "Feststellung" soll es auf dem Mars nur ein einheitliches globales Festland geben, das von Kanälen, die von den Eispolkappen gespeist werden, durchzogen ist. Um die Kanäle herum sind die von der Erde aus erkennbaren mächtigen Vegetationszonen. D.H.

gekommen waren, formierten sich zu einem gewaltigen Zug, dessen Spitze wir bildeten.

Nach ungefähr 10 Minuten Fluges in geringer Höhe landeten wir.

Es war 6 Uhr 45 Minuten nachmittags: auf dem Mars 7 Uhr morgens. Hier möchte ich bemerken: Von jetzt ab werden wir für den Boden des Mars die Bezeichnung „Erde" gebrauchen.

Auf dem Mars

Alle Bewohner des Planeten waren unterrichtet und erwarten umsere Ankunft. Die Hauptstadt des Mars, Tanio, lag im Zentrum einer weiten Ebene, der ausgedehntesten dieses Sternes. Hier auf dem Mars nennt man die Landeplätze Kontaktfelder. Dieses Kontaktfeld hatte eine Oberfläche von ungefähr 5 Quadratkilometern und war heute tatsächlich von Schiffen bedeckt, die in vollkommener Ordnung aufgestellt waren. Allein diejenigen, welche zu unserem Empfang entgegengekommen waren, zählten mehr als tausend. Viele von ihnen waren außerdem noch an anderen Plätzen der Stadt gelandet. Nicht weniger als huntertausend Personen waren gekommen und erwarteten uns in einem riesigen Halbkreis. In seiner Mitte stand eine Gruppe hervorragender Persönlichkeiten, die von einer Ehrenwache umgeben waren.

Unsere Apparate hielten in ungefähr 50 Metern Entfernung von ihnen; hinter uns die anderen Schiffe, die uns von der Erde und vom Mond aus begleitet hatten. Tage entstieg als erster dem Schiff und, die Gestalt hoch aufgerichtet, entbot den Obrigkeiten den bereits bekannten Gruß. Dasselbe tat anschließend die ganze marsianische Besatzung.

Tage kam zu unseren Schiffen zurück und bat uns auszusteigen. Die drei führenden Persönlichkeiten der Mittelgruppe kamen uns entgegen. Wir hielten vor ihnen an und grüßten mit ihrem Gruß, um uns dann vor den drei Männern respektvoll zu verneigen: Logare, der oberste politische Leiter, Sunina, der oberste religiöse Leiter, und Sarinu, der oberste kulturelle Leiter. Die Persönlichkeiten auf dem Mars tragen den Titel Nose; ihre Aufgabe entspricht der Leitung der Regierung.

Neun wunderschöne und blendend gekleidete Mädchen boten uns die ersten Düfte und Farben ihrer Erde in Form von Blumengebinden. Wir begaben uns unverzüglich mit der prächtigen Eskorte nach der Residenz der Regierung; dort wurden wir in prachtvolle Räume geführt, die schon für unseren Aufenthalt vorbereitet waren, und allein gelassen.

Tages Männer hatten sich um unsere Schiffe und unsere persönlichen Sachen gekümmert. Tage besuchte uns noch, um uns Erfrischung und Ruhe zu empfehlen.

Hier eine kurze Bemerkung.

In den imaginären Erzählungen von interplanetarischen Reisen schweifen viele Autoren in absurde Phantasmagorien ab*). Aber die Wirklichkeit ist ganz anders. Alle Gestirne werden von denselben Gesetzen regiert. Die physikalischen ebenso wie die astronomischen Gesetze gelten in jeglichem Teil des Universums und haben, unter gleichen Umständen, auch gleiche Auswirkungen. Der Ursprung und die Manifestationen des Lebens, ob sie nun vegetabiler oder animalischer Art sind, werden auch mit Rücksicht auf die jeweiligen Umstände immer dieselben sein. Um so mehr werden die Manifestationen des intelligenten Wesens, auch wenn die Lebensbedingungen verschieden sind, durch den Geist dieselbe Beziehung haben. Nur die Umwelt wird den höheren oder niedrigeren Grad beeinflussen können.

Da der Mars ein Teil des Sonnensystems ist und fast unter denselben Bedingungen wie die Erde um die Sonne kreist und auch seine physikalische Konstitution dieselbe ist, geht die Entwicklung des Lebens denselben Weg wie auf der Erde.

---

*)   Hierher gehören gewisse Verfasser von üblen Science-Fiction-Erzeugnissen, sowie die Produzenten abstruser Weltraumfilme. D.H.

Trotz so vieler wissenschaftlicher Auslgegungen werden wir gezwungenermaßen dem weisen Bericht der Bibel unseren Zoll entrichten müssen. Bei der Erschaffung der Welt hat der höchste Schöpfer durch seine unergründlichen Gesetze den flüssigen Teil von dem festen (den die Bibel den trockenen nennt) und von dem gasförmigen (den wir Luft nennen) getrennt, und jedes dieser Elemente konnte neues Leben aufbauen. Deswegen wird auf allen Gestirnen, wo sich diese drei Elemente begegnen, die gleiche Manifestation des Lebens sein. Unseren „trockenen" Teil, den wir Erde nennen, könnten wir genausogut Venus oder Mars nennen. Es ist sicher, und wieder hat die Bibel recht, daß für vorteilhafte Lebensbedingungen die drei Grundelemente: Erde, Wasser und Luft vorhanden sein müssen. Wo eines der drei Elemente fehlt, kann sich kein Leben gestalten. Wir müssen anerkennen, daß die Bibel in diesem Falle der Wissenschaft um Tausende von Jahren voraus ist.

Hier darf man nicht vergessen zu erwähnen, daß der Verfasser der Genesis, Mose, ein Weiser war. Kaum geboren und aus den Fluten des Nil gezogen, wurde er von der Tochter des Pharao angenommen, erhielt die höfische Erziehung eines ägyptischen Prinzen, was damals eine große Auszeichnung war. Die Ägypter, besonders jener Epoche, wußten um viele Geheimnisse der Natur, kannten die Chemie, die Geologie, die Astronomie und die Astrologie. Deshalb ist es nicht zu verwundern, wenn der Verfasser der Genesis den Ursprung unserer Welt auf eine Weise erzählt, die dem damaligen Volk sogar verständlich war und die ohne Zweifel die Theorien und die Überzeugung der meisten weisen Forscher und Wissenschaftler des damaligen Ägyptens widerspiegelt. Das ist schon allerhand; hierzu kommt die göttliche Offenbarung, an die wir unbedingt glauben.

Die Analogie zwischen Mars und der Erde ist so groß, daß derjenige, welcher mit wissenschaftlichen Augen schaut, auch intelligente Wesen, Tiere, Flora und Fauna wie auf der Erde erkennen muß.

Das ist es, was wir festgestellt haben: Auch auf dem Mars hat das Leben, was Fauna und Flora anbelangt, eine sehr ähnliche Entwicklung genommen. Folglicherweise gibt es auf dem Mars wie bei uns Tiere, Blumen und Früchte, und viele davon sind auf beiden Planeten die gleichen.

Was die Bewohner angeht, so übertreffen sie uns sehr in ihrem physischen Aussehen, weil die klimatischen Bedingungen dort viel günstiger sind. Auch auf der Erde gibt es Gebiete, welche der Entwicklung der Intelligenz mehr entsprechen, weil die Umgebung und das Klima eine intensivere Hingabe an den Intellekt erlauben.

Die Marsianer sind durch ihr Klima, das für die Entwicklung des Intellekts außerordentlich vorteilhaft ist, sehr begünstigt. Der Körper erleidet keinerlei atmosphärischen Druck, denn das Klima ist angenehm und frisch, und selbst in den tieferen Lagen ist die Atmosphäre sehr leicht. Daher ist ihr intellektuelles und moralisches Niveau - wir müssen es gestehen - dem unseren wesentlich überlegen.

Der Planet leidet auch nicht an so vielen atmosphärischen Störungen, die auf der Erde so katastrophale Folgen auslösen. Kriegerisches, wildes und zerstörerisches Wesen sind irrige Ansichten mancher Schriftsteller über die Marsbewohner, denn genau das Gegenteil ist der Fall.

Mehr als die physikalischen Eigenschaften des Planeten interessierte uns seine Geschichte, seine Politik, der Stand seiner Wissenschaft, seine Religion und seine Kultur.

Mehr als fünf Tage ließ sich unser Aufenthalt nicht ausdehnen, denn die zunehmende Entfernung der Planeten hätte Komplikationen für die Rückkehr verursachen können. Wir mußten auch den Gedanken an einen Rückflug zu einem günstigen Zeitpunkt fallenlassen, da unser Institut unsere Beobachtungen und Erfahrungen benötigte. Einige der Marsianer waren auch etwas beunruhigt über die Rückkehrmöglichkeiten, denn dreißig Marsianer waren in unserem Arbeitslager auf der Erde geblieben, und die nächste günstige Gelegenheit für sie zurückzugelangen, wäre erst gegen Ende 1959 gewesen. Deshalb setzten wir unseren Rückflug auf den 19. Oktober fest.

In einer anderen Publikation werden wir detaillierte Angaben über die Geographie und die Hydrographie des Planeten machen. Hier werden wir nur kurz und in großen Zügen die hauptsächlichsten Gesichtspunkte darlegen.

Allgemeine Angaben
über die Mars-Geographie

Über die Geographie geben wir hier nur die allgemeinen Daten an, welche für das unbedingte Verständnis dessen, was wir hier berichten, erforderlich sind.

Zwei Drittel der Erdoberfläche sind mit Wasser bedeckt. Auf dem Mars sind zwei Drittel der Oberfläche Erde, und nur ein Drittel ist mit Wasser bedeckt. Es gibt keine großen Ozeane, dagegen zahlreiche Meere, und nur wenige davon sind auf natürliche Weise miteinander verbunden. Der feste Teil besteht dagegen aus zwei Kontinenten, die untereinander in Verbindung stehen. Allerdings, wenn wir es genauer ausdrücken, bilden sie eigentlich einen Kontinent, in dem sich verschiedene Seen befinden, von denen sechs wirkliche Meere sind. Natürlich ist der Mars wesentlich wasserärmer als die Erde; dafür ist sein Wasser aber viel besser verteilt, und diese Verteilung ist zudem noch durch ein wirkliches Ingenieurwunder vervollkommnet, da alle Meere durch gigantische Kanäle miteinander verbunden sind. Diese Kanäle waren unentbehrlich geworden. Da die Polarregionen in einer viel größeren Ausdehnung gefrieren als diejenigen der Erde, verursachen die Sommer mit ihren Tauperioden gewaltige Überschwemmungen. Man war durch das Anwachsen der Bevölkerung gezwungen, diese Wasserfluten in Schach zu halten, und so wurde das gewaltigste Ingenieur-Werk geschaffen, das man sich überhaupt vorstellen kann. Es gibt viele Kanäle, die drei, ja, vier Kilometer breit sind.

Die Schaffung des Werkes wurde durch den verhältnismäßig ebenen Boden erleichtert. Es gibt sehr wenige Berge, und diese überschreiten nicht 2.000 Meter Höhe. Die Orographie (Gebirgskunde) verzeichnet eine Kette von Hügeln, die fast gleichmäßig über den Kontinent verteilt sind. Die Ebenen sind sehr ausgedehnt. Es existiert nur ein einziger Vulkan und dieser ist seit undenklichen Zeiten erloschen.

Die Natur, deren ausgeglichene Wasserverteilung durch die Marsianer noch vervollkommnet wurde, hat auch durch das gleichmäßige, gemäßigte Klima eine ausgeglichene Verteilung der Bevölkerung ermöglicht.

Die Bevölkerung, mit einem Total von 600 Millionen, ist auf dem Mars wesentlich dichter als die auf unserem Planeten.

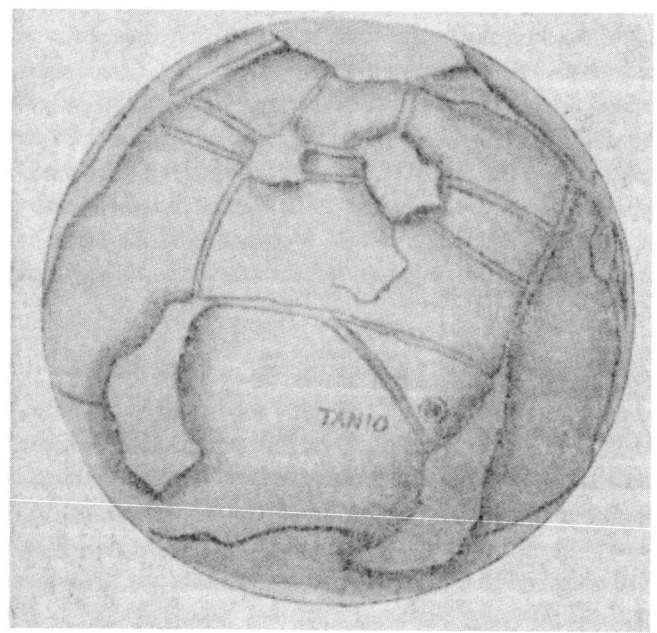

Mars: westliche Hemisphäre.

Man muß in Rechnung stellen, daß der Mars fünfmal kleiner ist als die Erde und daß seine gefrorenen Polarregionen viel ausgedehnter sind als die unseren.

Außer den Eisregionen, die den vierten Teil des Planeten bedecken, ist das ganze Territorium bevölkert. Der Boden wird durch ein großartiges landwirtschaftliches System kultiviert; seine Berge sind mit üppigen Wäldern bedeckt.

Oberhalb 1.000 Meter über dem Wasserspiegel gibt es keine Privatbesitzung. Ab dieser Grenze ist, wie wir sagen würden, alles Nationaleigentum, und alle Bewohner tragen für seine Erhaltung und Entwicklung bei. Groß war unsere Überraschung, auf den Höhen dieselbe Fichte zu finden, die auch auf unseren Bergen wächst.

Die Höhen des Mars sind wirklich bezaubernd. Mit der Pflege des Baumes wird geradezu ein Kult getrieben. Viel trägt dazu bei, daß man fast ganz auf den Gebrauch von Holz verzichtet. Der Boden ist viel reicher an Erzen als der unserige, und der Marsianer beherrscht die Metallurgie ganz großartig. Alles wird aus Metall gefertigt, sogar das Papier. Niemand hat das Recht, den Boden tiefer als 5 Meter unter der Oberfläche auszubeuten. Alle Förderungen werden in den Bergen ausgeführt. Wenn wir hier eine Parallele mit der Erde aufstellen würden, wäre das sehr beschämend für uns.

*

Das Leben auf dem Mars war nahe daran zu erlöschen. Durch die Verminderung der Energievorräte, den Mißbrauch der Bergwerksförderungen, das Abholzen der Wälder, das die Minderung der Wasservorräte verursachte und Wüsten entstehen ließ, entstanden Katastrophen, die seine Bewohner fast aussterben ließen. Das hatte eine wahre Revolution und landwirtschaftliche Restauration zur Folge.

Diese gigantische Reform wurde durch die berühmteste und verehrteste Gestalt ihrer Geschichte eingeleitet: Dani.

Seit dieser Zeit begannen alle Marsianer einen Kult mit ihrem Boden zu treiben. Wie wir schon sagten, durfte der Boden nicht oberhalb 1.000 Meter und nicht tiefer als fünf Meter ausgebeutet werden. Von da an wurde jeder, der es bis dahin nicht gewesen war: ein besessener Liebhaber der Erde.

Die mittlere Temperatur auf dem Mars ist 10 Grad (Celsius), aber vier Fünftel der Bevölkerung leben in einem Klima von 16 bis 18 Grad. Dieses ideale Klima mit seiner belebenden Atmosphäre bildet eine vorteilhafte Basis für die Entwicklung einer üppigen Vegetation. Die Mehrzahl der Bodenkulturen geht bereits seit langer Zeit schon von der erst kürzlich auf der Erde eingeführten Methode aus, die wir unter dem Namen „Hydrokultur" kennen. Dieses System erlaubt, bei einem Minimun an der Oberfläche ein Maximalerträgnis zu erhalten, ohne den Boden zu erschöpfen. 70 Prozent des marsianischen Ernährungsbedarfs wird mit diesem Verfahren gewonnen. Der Boden ist daher völlig ausgeruht und zeigt nun eine außerordentliche Fruchtbarkeit, was dem Planeten für die Zukunft Reichtum und Überfluß sichert.

Auf dem Mars drängt sich die Bevölkerung nicht in großen Städten zusammen, sie ist auf zahlreiche kleine Zentren oder kleine Städte verteilt. Tanio, die Hauptstadt, ist die einzige wirklich größere Stadt und zählt 250.000 Einwohner in ihrem Stadtinnern.

Keines ihrer Häuser ist höher als zwei Stockwerke, und selbst das ist selten. Das typische marsianische Wohnhaus hat nur ein Stockwerk, ist aber selten höher als 6 Meter. Alle Häuser sind von einem flachen Dach oder von Terrassen gekrönt, die sich in wahrhafte Zaubergärten verwandeln, in deren Zentren stets der häusliche Empfänger für die Sonnenenergie liegt. Über den ganzen Planeten verstreut liegen, wie Tempel in den hauptsächlichsten Wohnbezirken, die weißen Gebäude der wissenschaftlichen Forschung, zu denen ein jeder freien Zutritt hat. Es sind drei Hauptbeschäftigungen, die jeder Bewohner ausüben muß: körperliche Übungen, Landwirtschaft und wissenschaftliche Forschung. Alle üben diese drei Tätigkeiten aus.

Sport

Die Marsianer, alle ohne Ausnahme, Männer und Frauen, üben Sport aus. Wir, die Bewohner der Erde, sind nicht übermäßig sporteifrig; wenigstens wollen wir das nicht Sport nennen, was auf öffentlichen Sportveranstaltungen gezeigt wird und was vielfach nur eine kaufmännische Angelegenheit ist, bei der ein Dutzend Individuen sich abrackern und weitere 50.000 sitzend dem Spektakel zuschauen und dafür noch eine Menge Geld bezahlen müssen.

Auf dem Mars machen alle - Männer, Frauen und Kinder - ihre Leibesübungen in ihren Häusern, Gärten und auf öffentlichen Sportplätzen, wo man weder für die Ausübung noch für das Zuschauen etwas zahlen muß.

Daher tragen die Marsianer ein gesundes, stolzes Aussehen zur Schau und besitzen einen bewundernswerten disziplinierten Geist. Das Verhalten der Massen bei öffentlichen Zusammenkünften ist geradezu eindrucksvoll, wie es zum Beispiel bei unserer Ankunft war. Diese Disziplin, die Ordnung und das ausgeglichene Wesen zeitigen ein Resultat, wozu es auf der Erde längere Vorbereitungen bedürfte.

Zum Unterschied von einigen unserer Sportarten, die sich zu wahren Schaustellungen roher Kraft gewandelt haben und zu leidenschaftlichen Explosionen an Haß, Rache, Neid mit manchmal internationalen Nachwirkungen führen, sieht man auf dem Mars wirklich vornehme Gestalten, denen der Körper den Geist stärkt und der Geist den Körper adelt.

Alle körperlichen Übungen werden unter den Strahlen der Sonne ausgeführt. Die Marsianer gestalten ihr Leben im engsten Kontakt mit ihrem herrlichen Gestirn, und wir sind davon überzeugt, daß dieser Kontakt mit der Natur sehr viel den hohen Stand ihres adligen Wesens und ihrer Kultur beeinflußt. Wir können uns dieser Tatsache nicht verschließen. Es ist ein Irrtum, uns eine Existenz aufzwingen zu wollen, die uns davon abhält, Kontakt mit der Natur aufzunehmen. Durch die Sonne existieren und leben wir; die Sonne flößt ihre Kraft den Pflanzen ein, und durch ihre Wärme keimt die Saat, belebt sich die Erde, lebt und verdunstet das Wasser, um die Atmosphäre zu bilden, die uns das Leben erhält. Außerdem haben die Marsianer es verstanden, der Sonne die Kraft für die mechanische Bewegung zu entnehmen.

Landwirtschaft

In irgendeiner Form widmen sich alle Bewohner des Mars der Landwirtschaft. Die Lebensmittel jeder Familie werden durch sie selbst gezogen und zubereitet.

Da das politisch-soziale System sehr verschieden von dem unseren ist, bestehen auf dem Mars keine Klassen- und noch viel weniger Rassenunterschiede. Es existieren weder Großgrundbesitz noch mächtige Unternehmer noch sonstiger Grundbesitz. Jede Familie hat ihr Stück Land, das sie für ihren Bedarf bebaut. Daher gibt es auch keine berufsmäßigen Tagelöhner, die sich der Bebauung fremden Bodens widmen.

Die Landwirtschaft besteht sozusagen als allgemeines Hobby und ist die meistverbreitete Beschäftigung.

Auf dem Mars hat alles, was mit der Natur in Verbindung steht, eine gewisse Würde und einen sehr sakralen Charakter; sie dankt mit großer Üppigkeit den Menschen dafür und gibt viele ihrer Geheimnisse preis. Die Sonne, die große Schöpferin, erhält und belegt den Planeten und ist daher Gegenstand aufrichtiger Verehrung und Forschung. Die Erde ist das Lebenselement der Bewohner: von ihr leben sie und für sie leben sie. Das Wasser ist das Lebenselement für die Erde. Die Atmosphäre ist das Belebende, das Bindeglied zwischen Erde und Meer und dessen Kräften. Zusammen mit der Sonne, dem Hauptgestirn, beginnt das Leben.

Diese hohe Auffassung der natürlichen Harmonie macht die Marsianer zu wahrhaften Priestern ihrer Erde. Sie schützen die Reinheit des Wassers und seine stete Zirkulation und die Reinheit der Atmosphäre mit der sorgfältigen Überwachung der Vegetaion.

Durch diese hohe Ideologie lebt der Marsianer in engster Verbindung mit allem, was ihn umgibt, und da er sich mehr und mehr der Erforschung der Elemente widmet, ist er tief in ihre Geheimnisse eingedrungen. Die Sonne vollbringt für ihn ihre Wunder, die Erde liefert ihm ihre Schätze, und die Atmosphäre spendet ihm eine gesunde und friedliche Existenz. Mit diesen Prinzipien ist die Bebauung der Erde eine solche Freude, wie Adam und Eva sie im irdischen Paradiese hätten haben sollen*). So wäre das Leben auf der Erde angenehmer und viel leichter zu ertragen.

Wenn man die marsianischen Weisen ihre hohe Philosophie so darlegen hört, kann man für unsere Erde nur Bedauern empfinden, deren Glanz wir mit Sehnsucht zwischen den anderen Sternen leuchten sahen. Schade, denn unsere Erde ist meist das Opfer einer erschöpfenden Ausbeutung mit egoistischen Zielen.

In Anbetracht der hohen Prinzipien, die wir bereits auseinandergesetzt haben, ist die Kultivierung des Bodens nicht nur eine würdevolle Arbeit, sondern auch ein Vergnügen. Die Marsianer sind so in die Wissenschaft des Bodens und seiner Produkte eingedrungen, daß sie den höchstmöglichen Nutzen daraus ziehen können. Blumen, Früchte, Gemüse und Pflanzen schmücken die Terrassen, Höfe und Gärten, die den entzückenden Schmuck jeder Wohnstätte bilden. Außerdem ist jede Familie im Besitz eines Bodenanteils, der die reichliche Versorgung des Haushaltes garantiert und außerdem einen Beitrag für die allgemeine Versorung liefert, der für Personen mit wissenschaftlichen und industriellen

---

*) Durch Ungehorsam kam das Absinken in die grobstoffliche Sphäre mit harter Arbeit, wie sie im 1. Buch Moses, 3. Kap., Vers 16-19 beschrieben ist. Unter diesen Sanktionen steht die Erdenmenschheit bis heute. D.H.

Aufgaben gedacht ist, für die natürlich auch eine entsprechende Bodenfläche vorbehalten ist.

In erster Linie werden Zerealien angebaut, besonders Weizen, der dem unseren sehr ähnlich ist, und zwei weitere Körnerfrüchte, die man bei uns nicht kennt. Der Mais ist auf dem Mars unbekannt. Es gibt auch eine Anzahl von Knollenfrüchten, inklusive unserer Kartoffel, welche die Ernährungsbasis bilden.

An Textilpflanzen gibt es nur zwei, die jedoch keinerlei Ähnlichkeit mit unserer Baumwolle oder dem Flachs haben. Dagegen kennt man vielerlei Früchte, unter anderen Äpfel und Birnen, die den unseren sehr ähnlich sind, wundervoll gezüchtete Pfirsiche und viele Traubenarten, die aber nicht für alkoholische Getränke verarbeitet werden, denn berauschende Getränke sind auf dem Mars unbekannt.

Hier möchten wir nochmals erwähnen, daß 75 Prozent der landwirtschaftlichen Produkte durch das System der Hydrokultur erzeugt werden.

Weitere Einzelheiten über dieses Gebiet werden in einer anderen Veröffentlichung mitgeteilt. Dies wir vorerst genügen, um uns ein Bild über das pflanzliche Leben des Planeten zu machen. Dabei müssen wir bemerken, daß die Fauna des Planeten wesentlich beschränkter ist als auf der Erde. Man kennt dort fast keines unserer wilden Tiere, außer einer Art weißer Bären in den Polargebieten.*)

---

*) Esoterikern ist bekannt, daß *wilde Tiere* in Entsprechung stehen mit bestimmten ungezügelten Grundeigenschaften der Erdenmenschen; das *Fehlen derselben* auf dem Mars stempelt seine Bewohner a priori zu Geschöpfen kosmischer Harmonie. D.H.

Dagegen ist eine große Anzahl Haustiere, Luxustiere und vor allem Nutztiere ausschließlich für die Milchproduktion vorhanden. Sonst liefert das Tier dem Menschen weder Nahrung noch Kleidung. Auf dem Mars kennt man keine Speisen auf der Grundlage des Fleisches, noch Kleidung aus Wolle oder Pelzen. Als Speise sind reichlich Fische vorhanden und Produkte der Meerflore, deren Vermehrung unterstützt und geschützt wird.

Wissenschaft und Industrie

Auf dem Mars gibt es weder Grenzen noch Parteien noch religiöse Sekten. Seit dem Kampf vor 2.000 Jahren*) für das gemeinsame Überleben und zu Beginn der von Dani eingeführten Reform vereinigten sich alle Bewohner zu einem Block, der alle politischen, religiösen und sozialen Ideale zusammenfaßte. Es wurden Grundsätze festgelegt, die eine solide Basis darstellten und einen Aufstieg begünstigten, der bis heute nicht unterbrochen wurde.

Vom ersten Augenblick der Reform an begann eine vernünftige Überprüfung der naturwissenschaftlichen Forschung hinsichtlich der Befürfnisse. Das festigte in der Folge die politische, soziale, religiöse und wissenschaftliche Struktur auf unanfechtbaren Grundsätzen. Diese Prinzipien konnten niemals umgestoßen beziehungsweise verdreht werden. Während wir zum Beispiel auf der Erde immer noch nach dem Weg suchen, der „nach Rom" führt, ist auf dem Mars der Weg bekannt, und, da er einmal bekannt ward, so war es das Bestreben aller, den kürzesten und besten zu erforschen, und, einmal gefunden, nahmen alle ihre Kräfte zusammen, um ihn noch zu verbessern. Stellen wir uns vor, daß den Grad des Fortschritts, den wir gegenwärtig erreicht haben, die Marsianer bereits vor zwanzig Jahrhunderten erreicht hatten. Trotzdem brachte dieser Fortschritt auch in vieler Hinsicht unbedachte Beschlüsse mit mehr als einer traurigen Konsequenz und sogar die Gefahr des Unterganges des Planeten. In der großen Reform vereinigten sich

---

*) Eine Entsprechung mit der Darniederkunft Jesu und der Verkündigung seiner Friedens- und Liebeslehre, die von uns Erdenmenschen - obwohl wir uns Christen nennen - leider nicht durchgeführt wurde. D.H.

alle wissenschaftlichen Institutionen, alle Industriezentren und alle Bewohner. Die Folgen waren erstaunlich und unmittelbar. Man korrigierte Irrtümer, stärkte Prinzipien und perfektionierte die Methoden.

Die radikalste der Reformen war, daß man kurzerhand der übermäßigen Ausbeutung der Natur Einhalt gebot, eine allgemeine Forschung über die Sonnenenergie einleitete und diesem Problem alle Hilfsquellen zur Verfügung stellte. Im Laufe der Jahre wurden große Fortschritte erreicht, bis man heute sogar den Weltraum beherrscht.

Diese Energie war schon wohlbekannt und angewandt auf dem Mars, wie es gegenwärtig die Elektrizität auf der Erde ist. Die Marsianer jedoch kannten nicht einmal die grundlegenden Methoden unserer Elektrizitätserzeugung, die durch molekulare Reibung entsteht; schon immer hatten sie die Sonnenenergie angewandt.

Die Atomenergie war für sie eine wohlbekannte Wissenschaft, sie hatten sich aber bereits von Anfang an ihrer Anwendung enthalten.

Wir könnten auf der Erde sehr schnell diesen hohen Stand des Fortschritts erreichen, aber wir müßten dabei mit ganz anderen Methoden vorgehen. Unser niedriges intellektuelles Niveau und noch mehr das moralische, lassen uns wie Blinde einen falschen Weg gehen. Nur die materielle Erfahrung ist unser Leitstern, und oft verursachten unsere Entgleisungen unangenehme Überraschungen. Unsere beschränkte geistige Entwicklung verleitet uns zu Rassendiskriminierungen, unseren Planeten mit lächerlichen Linien, die man Grenzen nennt, zu zerstückeln, die aus Egoismus, Haß und Stolz entstanden sind. Wir jagen dem Fortschritt nach und spielen Versteck mit seinen Früchten. Haben wir nicht ein gemeinsames und gleiches Schicksal? Unsere Intelligenz hat nicht mehr Grenzen als die anderer Wesen im Universum.

Der erste Appell an die Klugheit und den Verstand wurde von einem sehr besonnenen Mann an seine Mitbürger gerichtet; es ist der Präsident der mächtigsten Nation, Amerika, der den Schrecken und Wahnsinn vorausahnt: Eisenhower, der Apostel des Friedens, hat laut seine warnende Stimme ertönen lassen.*)

Laßt uns den Haß ablegen, die Grenzen wegwischen, vereinigen wir uns in Intelligenz! Wenn uns diese Einigung von Geist und Sinnen gelingt, wird auch die Erde groß, erfolgreich und glücklich werden; es ist das durch den Messias prophezeite Königreich.

Aber wenden wir uns wieder dem Mars zu.

Das Interesse der Marsbewohner für die Ergründung aller wissenschaftlichen Geheimnisse ist so natürlich und verwurzelt, wie es bei den Florentinern des 16. Jahrhunderts die Liebe für die Kunst und die Architektur war und für das italienische Volk die Neigung zur Musik ist. Die politisch-soziale Einheit der Marsianer und die geopraphische Einheit des Kontinents machen den Austausch und die Übereinstimmung ihrer wissenschaftlichen Prinzipien möglich. Alle sind stets über den Fortgang der Arbeit aller anderen unterrichtet.

An jedem auch nur mittelmäßig bevölkerten Platz existiert ein Studienzentrum, das alle Nachbarn besuchen. Dort werden sie über

---

*) Der leider 1963 ermordete Präsident John F. Kennedy gab dieser Friedenspolitik durch seine Europareisen eine noch tiefere und ausgedehntere Prägung. Das Buch war in Spanisch bereits 1958 herausgekommen. D.H.

den letzten Fortschritt und über das nächste Projekt unterrichtet. Jede Information, jeder Antrag und jede besondere Anregung werden gesammelt und an höhere Zentren weitergegeben. Man kann sich leicht die gewaltigen Vorteile vorstellen, die ein solches System bringt.*)

Die schwierigsten Probleme wurden manchmal auf diese Weise von Amateuren gelöst. Die logische Folgerung war, daß durch öffentlichen Gedankenaustausch die Studien angeregt und bestimmte Probleme dann an Förderungsstellen weitergegeben wurden. Daher haben sich auf dem Mars niemals besonders einzelne Forscher hervorgetan, denn die größten wissenschaftlichen Erfolge sind immer durch gemeinsamen Beitrag zustande gekommen. Drei gigantische industrielle Hauptzentren machen praktische Experimente und führen die gewünschten mechanischen Konstruktionen auf allen Gebieten der Forschung und Industrie aus, was eine stets ansteigende Skala von Fortschritten und Vervollkommnungen zur Folge gehabt hat.

---

*) Im Gegensatz zur Erde, wo oftmals wichtige und der Menschheit dienende Erfindungen von Konzernen aufgekauft oder in Tresoren geheimgehalten werden. D.H.

Hört abermals,
Bewohner der Erde!

Es wird uns sehr viel nützen, ein exakteres Konzept für die Vorteile des marsianischen Systems aufzustellen, wenn wir die Leichtigkeit der Verbindung in Betracht ziehen, mit der Entfernungen und Zeit überwunden werden können.

Als wir auf der Erde begannen, das Rad zu erfinden, konnten es die Marsianer bereits entbehren. Was wäre mit Leonardo da Vinci geschehen, wenn Archimedes zu seiner Zeit die Entdeckung des Galvani gemacht hätte? Und was hätten Galvani, Volta, Edison und Marconi unter solchen Umständen getan? Jeden Tag gebrauchen wir mehr Kraft mit weniger Mitteln. Wenn wir diesen Weg ohne Schwierigkeiten weiter verfolgen, an welchem Punkt werden wir in hundert, in tausend Jahren angelangt sein? Und welche Erfolge würden wir haben, wenn alle unsere Forscher zu einem gegenseitigen Austausch ihrer Kenntnisse kommen würden? Versetzen wir uns nach dem Mars, und wir werden die Antwort erhalten. Die Marsianer verschwendeten nicht Jahrhunderte und Jahrtausende, um Kriege und Eroberungen zu planen und auszuführen; sie verschwendeten niemals ihre intellektuellen Kräfte mit der Suche nach einer Möglichkeit, wie sie am besten ihresgleichen vernichten und die Materie auflösen könnten. Sie sind ein Volk, das geneigt ist, zu überlegen und zu forschen, und das damit beginnt, Fundamente zu legen und nach Ursachen zu forschen. Wenn die Ursache erkannt und bewiesen ist, werden sich nach und nach die Wirkungen abzeichnen. Wir Irdischen müssen erkennen und eingestehen, daß wir seit je oberflächlich gewesen sind; unsere eigene Geschichte klagt uns an.

Christoph Columbus suchte keine neue Welt, als er Amerika entdeckte. Aber dann wachten unsere Wissenschaftler auf. In Wirklichkeit mußte die Erde also doch rund sein; Galvani studierte die Anatomie an den Muskeln eines Frosches und nahm so zum ersten Mal überrascht den elektrischen Strom wahr; und eine weitere Überraschung für die arme Menschheit: was würde künftig diese geheimnisvolle Kraft bedeuten?

Wieviel astronomische Berechnungen hatten wir an einem runden Himmel vorgenommen? Wieviele Kartographien haben wir von einer flachen Erde gezeichnet? Und wieviel Torheiten begehen wir jetzt mit der Atomkraft? Wie oft sind wir auf dem Gebiet der Wissenschaft gestrauchelt?*) Wieviel Zeit haben wir verbraucht, die verloren ist, und wieviele Wege sind wir umsonst gegangen? Wir haben Brücken zerstört und mußten sie wieder aufbauen und haben doch noch nicht den richtigen Weg gefunden.

Niemals haben wir über eine Tatsache nachgedacht, die für uns fast natürlich zu sein scheint, die aber die Marsianer geradezu niederschmetterte: daß wenige Flugstunden von den Wolkenkratzern New Yorks entfernt, auf dem gleichen Kontinent, Wälder von menschlichen Wesen bewohnt werden, die das Rad noch nicht kennen: daß auf demselben Kontinent gleichartige Wesen leben, die einen mit der Peitsche, die anderen unter dem Joch. Wir sehen auf der einen Seite ein Volk übersättigt von Komfort und Wohlstand, das enorme Mengen von überflüssigen Lebensmitteln im Meer versenkt, und auf der anderen Seite einer imaginären Linie kommt ein verelendetes Volk an Entkräftung um.

---

*)   Und nennen wir sie von Jahr zu Jahr nicht "exakt"? - Nur um in Kürze wieder durch eine neue exakte Studie oder Theorie umgestoßen zu werden - und so weiter im Jahrtausende-Kreislauf. Doch jetzt ist die Möglichkeit der Spirale, der Höherentwicklung gegeben. D.H.

Und das nennen wir Bewohner der Erde Fortschritt?! Und da zweifeln wir noch, daß es auf anderen Welten bessere Wesen gibt? Wenn der Mensch auf dieser Erde das vollkommenste Wesen wäre, das Gott geschaffen hat, würde ich keinen Augenblick daran zweifeln, daß er ein gescheiterter Künstler ist.

Die Sonne schenkt Kraft, Licht und Wäre. Mit ihrer Kraft lenkt sie das Planetensystem, mit ihrem Licht verbindet sie alles und spendet durch ihre Wärme das Leben.

Wie arbeitet die Kraft?
Wie verträgt sich ihr Licht?
Wie befruchtet ihre Wärme das Leben?

Indem man diese unbekannten Größen entzifferte und versuchte, die Antworten darauf zu formulieren, indem man immer und immer wieder die Resultate ausprobierte, machte man im Laufe zweier Jahrtausende stets neue Entdeckungen. Dieses System war so erfolgreich, daß der Marsianer jetzt Mittel und Zeit zu einer Erholung findet und sich dabei die tragikomischen Operetten betrachtet, die sich auf anderen Planeten abspielen.

Wir, mit Guglielmo Marconi, haben den ersten Schritt zur Ausnutzung der Raumenergie getan; indem wir die Tonwellen unter Kontrolle brachten; die Marsianer dagegen begannen mit den Lichtwellen. Ihr Verständigungssystem durch Television bestand vor der Verbindung durch das gesprochene Wort. Während unser Fernsehsystem noch in den Anfängen steckt, findet jedoch unsere Radioübertragung ihren vollen Beifall. Dieselbe Energie, also die der Lichtwellen, wird unter tausenden von Formen für alles mögliche gebraucht; aber vor allem ist die des Transportes am meisten entwickelt.

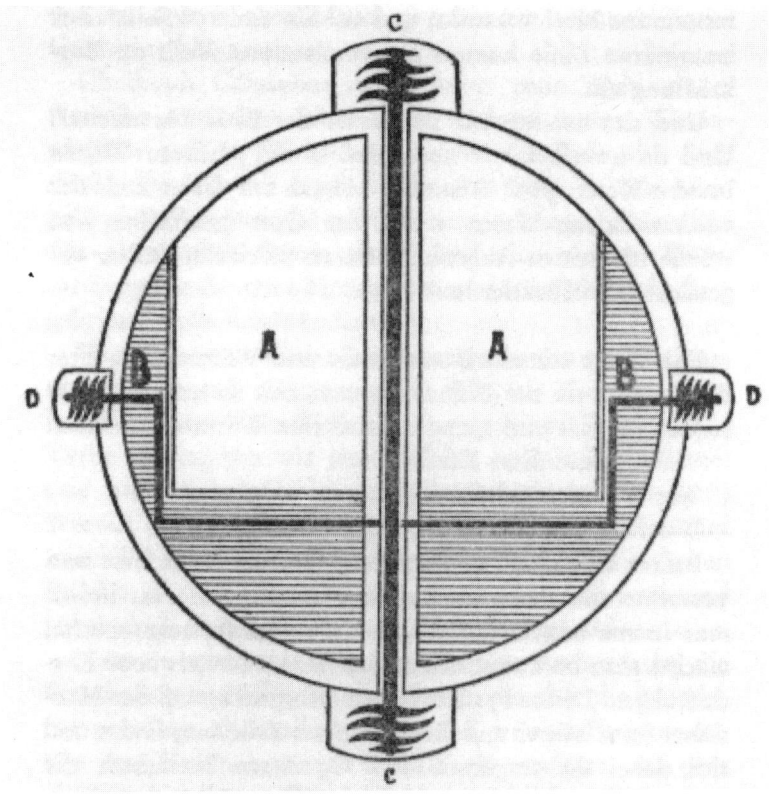

Üblicher Typ des Marsschiffes, (Querschnitt), A, A: Nutzraum, B.B: Raum für Maschinen und Zubehör. C.C: Turbinenpropeller für den Auftrieb, D.D: Turbinenpropeller für die Fortbewegung und Richtung.

Hier wollen wir nun etwas über die wundervollen Flugzeuge unseres Freund-Planeten sagen. Wir konstruierten eines unter Anleitung der Marsianer. Wir bauten eine Kugel von 3 Meter Durchmesser (sie könnte jeden beliebigen Durchmesser haben). Wir teilten sie in zwei Teile; den unteren von 1 Meter und den oberen von 2 Metern. Ein Rohr durchläuft die Kugel in vertikaler Richtung und überhöht an beiden Polen die äußere Oberfläche. Dieses Rohr wird in seinem Innern von einer Achse durchlaufen, die an beiden Enden in je einen Turbinenpropeller endet.

Die untere Abteilung gibt Raum für die mechanischen Apparate, welche die Drehkraft für die Turbinen liefert. Die beiden Abteilungen sind durch eine starke Fläche getrennt, so daß die obere für den Lastentransport oder für die Passagiere verwandt werden kann.

Die beiden Hauptturbinen dieser Vertikalachse geben dem Schiff den Antrieb nach oben oder nach unten.

Vier weitere Turbinen, die sich an den vier entgegensetzten Seiten des Horizontal-Durchmessers der Kugel befinden, vermitteln die Horizontalbewegung und die Richtung. Jede einzelne dieser vier Turbinen kann von ein und derselben Antriebskraft angetrieben werden oder aber mit sehr starken Antriebskräften jede von ihnen für sich.

Die Maschinen, welche die Energie für den Antrieb der Turbinen geben, könnten Explosions- oder elektrische Motoren sein.

Ihre Kapazität und Potenz sind nur begrenzt durch die Einheiten, die die Kraft liefern.

Ihr Gleichgewicht wird immer vollkommen sein, denn das ganze Gewicht und sein Gravitäts-Zentrum ruhen auf dem unteren Pol der Kugel.

Dieses Schiff ist also sehr bequem und praktisch, denn es funktioniert zu gleicher Zeit als Flugzeug wie als Helikopter (Hubschrauber), ohne Flügel und ohne besondere Steuervorrichtung. Wenn man Räder anbauen würde, könnte es sogar auf der Erde fahren; baut man einen Propeller auf einer Horizontalachse ein, so schwimmt es auch auf dem Wasser. Wenn wir diesen Apparat nun noch mit einem Panzer umkleiden würden, welcher der Konzentration der Sonnenenergie dient, so haben wir das allgemein gebräuliche Fortbewegungsmittel der Marsbewohner. Wenn wir es wollten, könnten wir unsere gewohnten Flugzeuge abschaffen und so in den Sternenraum fliegen.

Es würde hier zu weit führen, die zahllosen Möglichkeiten aufzuzählen, für welche die Sonnenenergie Anwendung findet und deren sich die Marsianer bedienen. Man kennt sehr wohl auf dem Mars unsere Anwendungssysteme von Dampf und Brennstoffen und anderen wesentlichen Energien. Fast alle diese Methoden wurden durch die Anwendung der wirksamsten, wirtschaftlichsten und unerschöpflichsten Kraft, der kosmischen Strahlen, verdrängt. Es ist hier nicht unsere Aufgabe, in dieser Hinsicht Einzelheiten zu geben. Wir werden bei einer anderen Gelegenheit ausführlich darauf zurückkommen.

Politik und soziales Leben

An der Stelle von „Politik" wäre es richtiger, den Ausdruck „Soziales System" zu gebrauchen nach der Weise, wie die Marsianer regiert werden.

Sie haben keine Regierung in dem Sinne, was wir darunter verstehen.

Wir müssen unsere Leser um Verzeihung bitten, wenn wir hier, um der Gerechtigkeit und des getreuen Berichtes willen, unsere besondere Meinung darlegen. Wir maßen uns nicht an, Regierungen, politische Systeme oder Parteien zu kritisieren oder herabzusetzen, aber unser oberstes Anliegen beim Unternehmen dieser Reise war: zu forschen, zu beobachten und zu vergleichen; deshalb wollen wir hier unsere Eindrücke schildern und auch die der Marsianer wiedergeben.

Was uns wissenschaftlich und moralisch beim Eintritt in ihre Welt beeindruckte, war solcher Art, daß wir nicht forschen, sondern nur beobachten konnten, und gerade die Beobachtung machte uns jeglichen Vergleich mit unserer Welt unmöglich, da uns das völlige Erfassen dafür abging. Der Unterschied zwischen unserer und der Kultur der Marsianer ist so gewaltig, daß wir uns völlig beschämt fühlten.

Kann sein, daß wir uns täuschen, doch bietet der Blick auf die Kultur der Erde, vom Standpunkt der Marsianer aus, recht trübe Aspekte.

Der Mensch ist ein soziales Wesen und sollte, seiner Natur

gemäß, in Gesellschaft seinesgleichen leben. Für den Marsianer ist die Grundlage maßgebend, aber welch ein Unterschied in der Entwicklung dieser beiden menschlichen Gesellschaften!

Wir könnten ihre „Regierung" als eine Art Vorstand oder Direktorium einer Gesellschaft bezeichen. Stellen wir uns eine Handels- oder Industriegesellschaft vor. Dieses Direktorium oder diese Regierung (Staatsverwaltung) wird freiwillig durch Stimmenmehrheit der Mitglieder gewählt, aus welchen sich diese Gesellschaft zusammensetzt, um diese Regierung gemäß den von ihr selbst festgelegten Direktiven auszuüben.

Durch unsere zurückgebliebene Entwicklung, oder besser aus Mangel an Entwicklung, verwandeln sich unsere Regierungen bei der Ausübung ihrer Funktion in willkürliche Vollstrecker seltsamer Doktrinen und Vertreter ideologischer oder materieller Vorrechte, privat oder für einen Teil eben dieser Gesellschaft.

Was geschähe in einer Handels- oder Industriegesllschaft, wenn ihre Leitung zu ihrem ausschließlichen Vorteil aus allgemeinen Vergünstigungen für sich Nutzen ziehen und, um das zu erreichen, die Richtlinien ändern würde? Sie würde ganz einfach abgesetzt oder im schlimmsten Fall würde jedes geschädigte Mitglied seine Stimme und sein Kapital zurückziehen. Aber die Regierungen der „politischen Gesellschaften" haben ein mächtiges Mittel zur Stützung ihrer Willkür, und dieses Mittel ist die Exekutive, d.h. die geschädigten Teilhaber finden sich zwangsweise genötigt, die Auflagen gegen ihre Interessen zu ertragen und, mehr noch, sie sind sogar noch zu größeren Opfern gezwungen zur Stützung dieses bürokratischen Kreises, der im allgemeinen keinen aus seinem Wirkungsbereich entkommen läßt.

Nicht alle Regierungen können zu dieser Kategorie gerechnet werden, aber unter den gegenwärtigen Umständen sind auf unserem Planeten 90 von 100 Menschen Opfer dieser mißlichen Verhältnisse und unter dieses Joch gezwungen. Natürlich gibt es auch Gesellschaften oder Nationen mit guten Regierungen, aber es sind nur wenige und, wir wiederholen, im allgemeinen ist der Zustand chaotisch und Versklavung der Menschheit größer denn je.

Es ist lächerlich, eine Regierung als ausgezeichnet zu bezeichnen, nur weil sie sich republikanisch - demokratisch - qualifiziert. Königreiche, Kaiserreiche oder Republiken - nichts ändert ihr wirkliches Wesen. Fast möchte man annehmen, daß die demokratischsten der gegenwärtigen Regierungen ausgerechnet die monarchischen sind, wenn ihnen Persönlichkeiten von hohen moralischen und intellektuellen Werten vorstehen, welche die öffentlichen Angelegenheiten innerhalb einer weisen Verfassung lenken.

Was will es schon heißen, wenn der Chef einer Regierung sich Präsident nennt, wenn er die gesetzgebende Gewalt nach seinen Gelüsten lenkt, wenn die Ernennung der Minister und Funktionäre seiner persönlichen Initiative unterliegt und er zugleich Chef einer politischen Partei ist? Die Folge davon ist nicht nur eine willkürliche Regierung, sondern, und zwar ist das recht häufig, eine wirkliche Tyrannei mit besonderen Vorteilen für einen privilegierten Clan zum Nachteil des Willens, der Freiheit, der Wünsche und der Interessen einer großen Mehrheit. Warum die Augen vor der Wirklichkeit verschließen? Ist das etwa nicht der Zustand, in dem der größte Teil der Menschheit gedemütigt lebt?

Es ist derselbe Zustand der politischen Parteien in einer Nation. Er wird die Lage wenig verbessern, wenn nicht gar verschlechtern, wie es zumeist der Fall ist. Die Spaltung ist das beste Mittel, um zu herrschen (divide et impera), aber niemals wird die Harmonie gefördert, es sei denn, der Unterschied der Parteien besteht nur in ihren Methoden, aber mit gleichen Prinzipien und Zielen, wie wir es z.B. in den Vereinigten Staaten beobachten können. Das ist eine ehrenvolle, aber seltene Ausnahme.

Wir wollen hier nicht weiter unsere Geschichte mit ihren Schrecken und den furchtbaren Doktrinen erwähnen, die für viele Nationen ein Mittel der Unterjochung und Sklaverei waren.

Die Doktrin muß dem Menschen dienen, aber der Mensch soll nicht der Diener der Doktrin sein. Wenn eine Doktrin den Gewinn der Freiheit verspricht und mit dem Verlust eben dieser Freiheit erkauft wird und Millionen von Menschen dieser Idee opfert, so ist das in der Geschichte unserer Kultur eine Ungeheuerlichkeit - ein Symbol der geistigen Degeneration. Hier wollen wir Überlegungen anstellen, die sich in das Gewissen der Menschen und Nationen eingraben sollten, auf daß sie niemals den verderblichen Einfluß dieser entsetzlichen Sichel für Geist und Körper erleiden.

Wir können nicht die Ketten unserer Brüder ansehen, ohne den Verlust zu machen, ihre Fesseln zu sprengen. Die Erde ist unsere gemeinsame Heimat. Ein gleicher Geist belegt uns, ein gleicher Himmel wölbt sich über uns. In diesem entscheidenden Augenblick wäre Gleichgültigkeit ein Verbrechen vor der Geschichte.

Es ist unsere Pflicht, mit allen Kräften eine Befreiung unserer Brüder aus dieser Sklaverei zu erreichen. Gewalt ist dafür nicht der rechte Weg, sondern wir müssen alle moralischen Hilfsmittel aufbieten. Diese historische Verantwortung darf nicht nur den mächtigen Nationen eigen sein, es ist die Verantwortlichkeit aller.

Wir dürfen uns nicht damit begnügen, die große Macht Amerikas zu bewundern, die sich ihrer Verantwortlichkeit bewußt ist und, da sie von Gott, dem Allmächtigen, in freizügigster Weise mit reichen Mitteln bedacht wurde, Balsam in die Wunden gießt und mit starker Hand das Elend zu mildern sucht.

Man bedenke, daß Untätigkeit in Seenot in den Strudel reißt.

Auch im Falle besserer Regierungen stellen diese eine so schwere Last dar, daß schon die Stufung ihrer Bürokratie den größten Teil der Tatkraft ihrer Mitglieder lahmlegt; wir wiederholen nochmals: das System der Regierung ist nicht von Bedeutung, denn wenn man in früheren Epochen die Kosten eines Königs hoch einschätzte, so helfen die Kosten bestimmter Republiken heute dazu, sie denjenigen vieler Könige gleichzusetzen.

In unseren sozialen Systemen sind die persönlichen Freiheiten auf vielerlei Arten eingeschränkt (wir beziehen uns immernoch auf die besseren Systeme), wo unermeßliche Landgebiete den einen zum Vorrecht und den anderen zum Nachteil dienen.

Wenn wir die Dinge international und zeitlich betrachten, so scheinen die Aussichten sehr traurig zu sein. Was die Tatkraft der Menschen immer hemmte, sind die unaufhörlichen Kämpfe der einen gegen die anderen gewesen, die dem Haß, dem Egoismus und dem Stolz entsprangen.

Dieser ständige Drang des Menschen, sich gegenseitig zu vernichten und auszuschalten, hat ihn in seinem moralischen, kulturellen und materiellen Fortschritt aufgehalten. Die größten menschlichen Besitztümer sind in jeder Hinsicht zum Zwecke der gegenseitigen Vernichtung gebraucht worden, und heute mehr denn je werden die menschlichen intellektuellen, moralischen und materiellen Werte zum Angriff oder zur Verteidigung eingesetzt.

Ursache: Der Egoismus. Vorwand: Die unsinnige Anmaßung, sich das Vorrecht zu nehmen, Grenzlinien zu ziehen, die mit Blut geschaffen und mit Blut aufrechterhalten werden.

Nur ein krankes Hirn kann es fassen, daß ein riesiges Gebiet, reich und fruchtbar, nur wenigen Menschen vorbehalten sein soll, auch wenn sie es unbebaut und wüst lassen, während der größere Teil der Menschheit sich hungernd auf einem minderwertigen, nicht ertragfähigen Boden durchkämpfen muß. Laßt uns diese schändlichen Mauern mit der Axt der Vernunft einhauen. Wenn das für unsere Engstirnigkeit unmöglich ist, dann komme ein Cäsar, stehe ein Bolivar auf oder der Herrgott oder ein anderer Christus strafe die Schänder des Tempels der Erde.

Wenn Prophezeiung eines Galilei und die Visionen eines Dante sich erfüllten, so gäbe es einmal eine einzige Herde und einen einzigen Hirten in einer einzigen irdischen Gemeinschaft!

Stellen wir uns eine Handelsgesellschaft mit bestimmten Zielen und wohlformulierten Statuten vor, in deren Mitte eine Spaltung entsteht. Es wird zwischen beiden Parteien ein Interessenkampf entbrennen, das gemeinsame Vermögen wird aufgeteilt, die Methoden werden sich widersprechen, Vorteile werden vertan; über das Schicksal der Gesellschaft kann kein Zweifel herrschen: Zusammenbruch oder mindestens Stillegung der Tätigkeit. Dieses Beispiel ist die passendste Parallele für die gegenwärtige Situation der menschlichen Gesellschaft.

Unsere Beurteilung wäre allerdings unvollkommen, wenn man

nicht inmitten dieses düsteren Panoramas auch viele tröstliche Ausnahmen sehen würde.

Wir möchten wegen dieser Einschätzung nicht als unverbesserliche Pessimisten eingestuft werden. Gerade wegen der festen Überzeugung eines Triumphes der Gerechtigkeit auf dieser Erde wollen wir die düsteren Schatten zeigen.

Inmitten des Ehrgeizes, des Egoismus und des Irrtums glänzen viele Hoffnungslichter, die das Aufsteigen einer neuen Sonne versprechen. Die Menschheit hat genügend Fähigkeiten für einen wirklichen Aufstieg gezeigt, und es gibt immer soviele Pioniere, daß der Sieg des Geistes gewiß ist.

Die Marsianer haben keine den unseren gleiche Regierungssysteme, um es genauer zu sagen, sie haben keine Regierung. Es existierten keine Teilungen von Gebieten, also auch keine politischen und religiösen Teilungen. Ihre bürgerliche Perfektion kann nur, und wenn es noch so paradox klingt, mit dem System des Zusammenlebens einiger unserer „wilden" Stämme verglichen werden.*) Das persönliche Recht, der Respekt vor dem Recht des anderen und die Elementar-Regeln des Naturrechtes sind angeboren und bedürfen offenbar keiner Gesetzbücher, Gerichtsbarkeiten, noch Strafen. Ihre Haltung ist einfach natürlich.

Es besteht, wie wir es ausdrücken würden, ein Vorsteheramt des Planeten, ein Triumvirat, das sich aus drei Personen zusammensetzt, die den Titel „NOSE" führen, was man wörtlich viel-

---

*)   Wir erinnern hier an das Patriarchalsystem des "Alten Testamentes", z.B. unter Abraham. Siehe "Der Patriarch - Eines Urerzengels Erdenleben", URGEMEINDE-Verlag Nachfolger (Neuauflage in Vorbereitung), Anschrift wie VENTLA-Verlag.

leicht mit „die Mäßigenden" übersetzen könnte. Dieses Triumvirat kann keine Rechtsprechung ausüben, sondern hat nur besondere Vorrechte. Die drei Ämter werden auf Lebenszeit durch einstimmige Wahl den verdienstvollsten Persönlichkeiten auf ihrem besonderen Gebiet verliehen: LOGARE, SUNINA, SARINU.

Diese drei Personen: der beste Organisator, der Beste und der Weiseste des Planeten sind im Dringlichkeitsfalle auch Gesetzgeber und Richter.

Den hauptsächlichsten Bevölkerungszentren stehen gleichfalls lokale Triumvirate mit den gleichen Befugnissen vor und unterstehen dem obersten Triumvirat, welches seinen Sitz in TANIO, der Hauptstadt, hat.

Diese Triumvirate erhalten keine besonderen Gehälter, sondern nehmen an dem allgemeinen Ertrag der Forschung und Industrie teil, deren Zentrum in der Hauptstadt liegt.

An den wissenschaftlichen Fortschritten nehmen alle teil, partizipieren auch an den praktischen Ereignissen, so daß der Lebensstandard auf dem Mars für alle Bewohner fast gleich ist.

Es besteht kein Heer, keine Polizei und kein Internierungssystem. Wer irgendeinen Fehler gegen die bestehenden Gesetze begehe, würde wie ein Kranker angesehen und bekäme unmittelbar die Folgen der allgemeinen Reaktion zu spüren. Gerade auf diesem Gebiet wurden die meisten Ergebnisse der grandiosen DANI-Reform erzielt. Seit zwei Jahrtausenden wurde das Individuum, das Beispiele von moralischen Fehlern offenbarte, unverzüglich isoliert, und es wurde ihm das Eherecht entzogen und die bestehende Ehe aufgelöst.

Hier wird man an die Isolierung erinnert, der noch heute die Opfer der Lepra ausgesetzt sind. In wenigen Jahrhunderten konnte man auf dem Mars die Wirkungen einer totalen Reinigung erleben.

Die Führungsnormen und die soziale Gerechtigkeit wurden schon vor der Restauration durch DANI bestimmt, dessen Auftreten fast gleichzeitg mit dem Erscheinen Christi auf der Erde zusammentraf; aber seitdem wurden diese Regeln genauestens befolgt.

Es gab für die Marsianer keinerlei Zwangssystem. Der Schuldige fühlte sich durch den natürlichen Widerstand seiner Umwelt isoliert und noch mehr durch die Frau, die unter keinen Umsatänden Beziehungen zu ihm aufrechterhalten konnte, und wenn sie seine Gattin war, so hatte sie die Verpflichtung, ihn zu verlassen und sich in die Obhut ihrer Familie zurückzubegeben.

Ein einziger Fall ist bekannt, und dieser ging in die Annalen der Geschichte des Mars ein. Er ist zur Legende geworden.

Adam und Eva?

Es lebte vor ungefähr 5.000 Jahren ein Mann, der aus dem östlichen Teil des Planeten stammte, dem es gelungen war, sich über die Bewohner seiner Region zu erheben.

Er überragte die anderen an Intelligenz und organsisatorischem Geist. Trotzdem stellte er unangebrachte Forderungen und zeigte ein hochmütiges Wesen. Es fehlte nicht viel und es wäre zu großer Zwietracht gekommen.

Von seiner Gattin getrennt, besserte er sich keinesweg.

Der Fall verursachte viel Unruhe auf dem Planeten und wurde zu einem allgemeinen Problem. Die Situation erreichte ihren Höhepunkt, als es ihm nach der Trennung von seiner Frau gelang, eine andere Frau zu verführen. Der Skandal führte zu der äußersten Maßnahme: die Verbannung von dem Planeten; das Paar wurde zur Erde gebracht. Adam und Eva? - Überlassen wir die Schlüsse unseren Lesern.*)

---

*) In den Heften "Karmatha" I - III (URGEMEINDE-Verlag Nachfolger - Anschrift wie VENTLA-Verlag) ist die himmlisch-geistige Herkunft Adams geoffenbart. D.H.

Mars und Erde im Vergleich

Welch irrtümliches Bild haben wir uns auf der Erde von den Bewohnern des Mars gemacht! Zerstörerische Wesen, die über grauenhafte, unüberwindliche und tödliche Waffen verfügen, immer bereit, Verheerung und Tod zu verbreiten und deren Invasion uns noch bevorsteht.

Es ist ohne Zweifel sicher, daß sie alles dies vollbringen könnten, denn sie verfügen über höchst einfache Mittel; sie könnten die Erde durch furchtbare elektrische Gewitter zerstören, sie könnten eine Sintflut inclusive Vulkanausbrüchen erzeugen; aber die Eingebung solcher Ideen ist nicht mehr als die Ausgeburt schlechter Phantasie und unseres Ehrgeizes. Es ist die Furcht oder der Gedanke im Unterbewußtsein, es könnte wahr werden. Der Marsianer, ein durchaus moralisches Wesen, nüchtern, gesund, dessen größter Ehrgeiz die fast mystische Hingebung an die wissenschaftliche Forschung ist und dessen wirkliche Freude in der vollkommenen Kenntnis der Natur liegt. Der dauernde und enge Kontakt mit den Universalgesetzen verschafft ihm ein wirklich erfülltes und befriedigendes Leben.

Unser System zu leben, der schreckliche, erregende Wirbel, der Lärm, die Hetze, die dauernde Angst vor dem Unglück und dem Zusammenbruch, die aufreibende Nervenanspannung, belasten meist unser Leben auf der Erde.

Das sind Lebensformen, die in der Geschichte des Mars längst der Vergangenheit angehören. Das Leben des Marsianers hat sich vereinfacht, und er genießt es voll und ganz.

Es ist für uns schon etwas schwierig, uns wenigstens einen solchen Glückszustand vorzustellen, der ohne Zweifel das vollkommene Glück ist. Ein wenig davon weiß der Landmann, der seinen Acker betrachtet, der ihm eine reiche Ernte beschert; der Chirurg und der Rechtsgelehrte, denen ein Erfolg beschieden wird; der Erfinder, der sein wichtigstes Ziel erreicht hat, und der Asket, der sich der innigen Verbindung mit Gott erfreut.

Einer der Gründe, warum die Menschheit gegenwärtig an den großen Schwankungen ihrer Geschichte leidet, ist die Unbeständigkeit: In der Politik, in der Religion, im sozialen und moralischen Leben. Diese Unstetigkeit hat Nationen, Gesellschaften und Individuen in einen tollen Wettstreit auf allen Gebieten der menschlichen Fähigkeiten geraten lassen, die Adepten zum Geiststreben und die Wirtschaftler zur Beherrschung der Märkte für die Überlegenheit des Kapitals.

Um diese Eroberungen zu erreichen, müssen neunzig Prozent der Energien und Tätigkeiten in einem psychologischen Nervenkrieg, in der Verteidigung oder im Angriff unter Tausenden von Aspekten geopfert werden. Wir leben eben auf der Erde gerade jetzt im übelsten Zeitpunkt unserer Geschichte, in einem hysterischen Kampf um die Existenz, immer das Gespenst der Katastrophe und des Todes vor Augen.

Wir tragen nicht zum allgemeinen Wohlergehen bei, sondern kämpfen fanatisch gegen den feindlichen Nachbarn, um ihn auf wissenschaftlichem, kulturellen, kommerziellen und industriellen Feld auszuschalten, und dieses Feld verwandelt sich nur zu oft in ein blutiges Schlachtfeld. Warum begnügen wir uns nicht mit den Wohltaten des Lebens? Jeder wünscht sich die absolute Vorherrschaft, und wenn wir dafür selbst die anderen berauben müßten.

Wir sind zu solchen Extremen gekommen, so daß sich der Kampf immer mehr ausgedehnt hat. Auch auf dem moralischen und religiösen Gebiet wird ein fanatischer Nervenkrieg geführt, um das Supremat von der eigenen Auffassung von der Gottheit zu erlangen.

Dieses Chaos ist die Frucht der allgemeinen Unstetigkeit, die unsere Atmosphäre beherrscht; die ganze Situation kann in einem tragischen Wort zusammengefaßt werden: Angst!

Die Frau

Die Frau auf dem Mars spielt eine wichtige, gehobene Rolle von entscheidendem Einfluß. Auch über sie wird in einem späteren Band eine besondere detaillierte Studie veröffentlicht werden. Während wir hier nur in allgemeinen, großen Zügen einen Bericht über sie geben können.

Auch in ihrer äußereren Erscheinung macht die Frau einen gepflegten, außerordentlich angenehmen Eindruck, der sie als höchst geeignet für ihre dreifache Aufgabe als Gattin, Mutter und Erzieherin erscheinen läßt.

Die durch die Jahrhunderte währenden Verpflichtungen hat in dieser wundervollen Kreatur in höchstem Maße alle ästhetischen Eigenschaften entwickelt an Geist, an Verstand, wie an Charme, die der fraulichen Natur eigen sind.

Alles, was wir mit dem Begriff „Schöne Künste" umfassen, ist ihre besondere Gabe und Aufgabe. Die Musik, die Dichtkunst, die Malerei, die Literatur sind das spezielle Gebiet der Mars-Frau, während dem Manne die Erforschung der Naturgeheimnisse, der Physik und der Metaphysik zukommt.

Auf dem Mars gibt es keinen öffentlichen Schulunterricht. Die Erziehung und der Unterricht sind die besonderen Obliegenheit der Familie, in erster Linie der Mutter, die dazu in hohem Grade befähigt ist. Es folgt dann die Erweiterung und Vervollkommnung in den öffentlichen Forschungszentren, in denen die praktische Entwicklung der höheren wissenschaftlichen Kenntnisse in außerordentlich vielen Formen erfolgt.

Hier müssen wir erwähnen, daß eine der am weitesten erforschten Wissenschaften die Medizin ist, ganz besonders das Studium, das sich auf das menschliche Gehirn bezieht.

Jede Frau auf dem Mars ist mit der römischen Cornelia zu vergleichen. Deshalb schöpfen seine Bewohner aus ihrem mütterlichen Herzen die Moral, die Wissenschaft und die Religion. Die Marsianer sind Individuen von geradem Charakter, von festen Grundsätzen sowie tief eingewurzelten religiösen Gefühlen.

Das Gleichgewicht der Geburten auf dem Mars ist dank der wissenschaftlichen Fortschritte der Medizin zwischen Männern und Frauen völlig ausgeglichen. Das ist einer der Hauptgründe für die perfekte Aufrechterhaltung der sozialen Ordnung.

Jede Frau, sozusagen von der Wiege an, wird in ihre zukünftige hohe Mission als Gattin und Mutter eingeweiht. Vielfach wird die Ehe von Kindheit an durch die beiderseitigen Eltern vereinbart und auch das passende Alter festgesetzt. Vor der Hochzeit findet fast kein gesellschaftlicher Verkehr außerhalb des Hauses statt; aber wenn sich die Beziehungen zwischen den beiden Familien enger gestaltet haben, müssen sie sich zu einer Familie verbinden.

Uns erscheint dieses gesellschaftliche System sonderbar, doch sind die sich dadurch bietenden Vorteile unvergleichlich.

Auf der Erde sehen wir augenblicklich untätig einem Phänomen zu, das die unheilbringendsten Folgen haben wird; um es in klaren Worten zu sagen: wir unterstützen durch Gleichgültigkeit die rapide Entwicklung der Prostitution der Frau. Wir verstehen unter Prostitution die völle Umkehrung der Charakteristika, welche gerade das typische weibliche Wesen mit seinen damit verbundenen Vorrechten bildet: die Gattin, Mutter und Hüterin des häuslichen Herdes. Dieser Prozeß geht, durch die verschiedenen Umstände bedingt, mit größter Beschleunigung vor sich und macht noch mehr das schwindende Gleichgewicht der Menschheit deutlich.

Dieser Umschwung wurzelt vor allem in dem Mißverhältnis zwischen den beiden Geschlechtern, das durch die Auswirkungen der Kriege noch mehr verstärkt wurde, in denen die Männer dahingemäht wurden, die so sehr nötig für den sexuellen Ausgleich in der Gesellschaft sind.

Viele andere zeitgemäße Faktoren tragen dazu bei, die Stellung des Mannes zu schwächen und dadurch gleichzeitig die Vorherrschaft des weiblichen Geschlechts zu stützen.

Der Verfall der männlichen Verantwortlichkeit in bezug auf die Lockerung der Moral und das Absinken der religiösen Prinzipien bringen einen weiteren erschwerenden Faktor in diesen Prozeß.

Eine täglich anwachsenden Zahl von Frauen, die sich der männlichen Stütze beraubt sehen, sind vor die Notwendigkeit gestellt, selbst für ihre materiellen Bedürfnisse zu sorgen, was einen großen Nachteil für ihr mütterliches Verantwortungsgefühl bedeutet. Sie sind daher genötigt, eine Existenz für ihren Unterhalt zu suchen, und müssen wohl oder übel in das männliche Berufsgebiet eindringen, entfernen sich damit aber täglich mehr von ihrer eigentlichen Bestimmung, der Erfüllung ihrer Lebensaufgabe, der Mutterschaft.

Hier sollten äußerst weitreichende Gesetze geschaffen werden, die aber, unbefolgt, von Konsequenzen gefolgt sein können, die das moralische Gleichgewicht und die soziale Sicherheit gefährden werden, was schwer wiedergutzumachen ist.

Die menschlichen Übel würden nicht nur eine kritische Situation herbeiführen, sondern einen wirklichen sozialen Zusammenbruch. Die sozialen Gesetze wiegen die meisten Nationen in Sicherheit, und täglich breitet sich die Epidemie mehr aus.

Statt die Ehe immer mehr zu schützen, lockern sich die Bande der Ehe immer mehr, und die Zügellosigkeit befreit die Nachkommenschaft von den Bindungen der Erziehung. Die Gesetze, statt Dämme aufzurichten, weiten die Breschen zur Verbreitung eines Übels, das den Instinkten und verderblichen Neigungen nur entgegenkommt.

Seien wir uns klar darüber: der materielle Fortschritt, ohne eine solide ethische Grundlage, bedeutet nichts anderes als den Selbstmord der bestehenden Gesellschaft.

Die Familie ist die Basis der Gesellschaft, die Lebenszelle für den sozialen Organismus. Die Auflösung der Familie führt zwangsläufig zur Auflösung der Gesellschaft.

Ohne diese moralische Bindung (Familie) schaffen wir sehr schlüpfrige Grundlagen für unseren Fortschritt und die Erlangung des Wohllebens. Ohne die Bindung in der Familie ist keine Bindung in der Gesellschaft möglich und noch weniger eine solche zwischen den Nationen. Ohne die sittliche Wärme einer gesunden Häuslichkeit werden die bürgerlichen Tugenden zu einem Mythos, und die Schätze der physikalischen Wissenschaft werden nicht dem Wohlleben, sondern nur den Waffen der Zerstörung dienen.

Die Marsianer haben durch die bei uns gemachten Beobachtungen einen sehr genauen Überblick über unsere Lage bekommen. Sie kennen unsere Bemühungen, sie wissen unsere gemachten Fortschritte zu schätzen, aber sie sind sich auch klar über die Gefahren, die uns drohen.

Alles Vorwärtskommen schließt auf der Erde auch eine Gefahr ein. Unser schlechter Instinkt verleitet uns, alles in Waffen zu verwandeln, wenn es in unseren Machtbereich kommt, und jede Waffe wird zu einem Instrument des Angriffs, der Verteidigung oder des Selbstmordes. Auf den Fall wird sie stets eine Gefahr und ein Hindernis mehr für das wirkliche Wohlergehen der Menschheit sein.

Der aufrichtige Wunsch der Marsianer bei ihrem Besuch auf der Erde war, alles kennenzulernen, was wir sie lehren könnten, und daß sie uns alles vermitteln wollen, was sie selbst wissen. Aber das erstere kann ihnen nichts nützen, und das letztere wird sich für uns als ein Hindernis erweisen und für sie selbst eine wirkliche Gefahr bedeuten. Einen Verkehr zwischen beiden Planeten erachten sie vorerst für nicht möglich. Wir Irdischen würden für sie durch unsere moralische Labilität eine Bedrohung bedeuten.

Jede materielle Entwicklung muß gleichzeitig von einem geistigen Fortschritt begleitet sein. So ist es jedenfalls auf dem Mars. Auf der Erde hemmt der materielle Erfolg die geistigen Werte. Für uns bedeutet jeder Fortschritt ein dem Satan errichteter Altar und ein Golgatha für Christus, ein neuer babylonischer Tempel und ein neues Kreuz in Jerusalem.

Gattin und Mutter! Das sind und werden stets die Symbole der Liebe und des guten Geistes sein, die reinen Quellen geistiger

Erhebung und der inneren Freude. Wenn man diese Symbole nicht in die Tat umsetzt, sondern diese Quellen trübt, so wird die Menschheit unter Trümmern der zersetzten Materie ihr Ende finden.

Die Werke des menschlichen Geistes sind bestimmt eindrucksvoll und der Bewunderung wert: Gigantische Fabriken, mächtige Maschinen, mit denen die Oberfläche der Erde umgestaltet wird und mit denen man ihr die Eingeweide entreißt, riesenhafte Schiffe und Luftfahrzeuge, die die Meere kreuzen und die Himmel durchrasen, aber wie niederschmetternd ist es auch, die Verödung der Kirchen und den Zerfall des häuslichen Herdes zu sehen. Man sucht einen Ausweg aus diesem Labyrinth und geht genau den falschen Weg; die Fabriken beginnen wieder mit fieberhafter Hast, das teuflische Kriegsmaterial herzustellen; und deshalb werden die Meere und Lüfte der Erde wieder von den Schrecken der Zerstörung und des Todes heimgesucht werden.

Die Bemühungen der Vereinigten Nationen sind wohl zu loben, aber ihre Früchte werden niemals reifen, wenn sie in ihrer Mitte nicht einen Sitz, den vornehmsten Sitz, dem einzig wirklich Verbündeten weihen, der in der Lage ist, sie zu erleuchten, Haß und Leidenschaften niederzuschlagen und die Geister zu einen: Gott!

„Falta uno en la Onu!" (Ein spanisches Wortspiel, das heißen soll: Es fehlt Einer in den UN.) Ohne diesen Einen wird immer ein Weg für das Böse und ein Veto für das Gute da sein. Und das Gebäude, das die Menschheit zu bauen vorgibt, wird immer nur ein unheimlicher Turm von Babel werden.*)

---

*) Dieser Ansicht stimmen wir absolut bei: "*Mit* Gott wollen wir Taten tun" (Psalm) ist der Wahlspruch unserer Ehe. A.u.K. Veit, Gründer des VENTLA-Verlages.

Medizin

Es ist uns hier auf diesen Seiten unmöglich, auch nur in Kürze zusammenzufassen, was wir hinsichtlich der Medizin auf dem Planeten beobachten konnten.

Wir müssen im voraus hier feststellen, daß die Zeiten der Gärung bezüglich dieser Materie auf dem Mars längst vorbei sind. Das geschah hauptsächlich aufgrund der großen Reform. Die allgemeine Anwendung war auf die vorbeugende Medizin ausgerichtet, und es wurde ein Entwicklungsplan für Jahrhunderte aufgestellt, so daß schließlich die Anwendung der Medizin fast völlig auf die Perfektionierung der menschlichen Physiologie abgestellt war. Wir müssen mit Nachdruck betonen, daß auf dem Mars der menschliche Körper als Tempel oder Gefäß des menschlichen Geistes betrachtet wird, der ihn belebt. Die Medizin in ihrer Entwicklung hat niemals auf diese Beziehung verzichtet.

Da es bei bestimmten Leiden unmöglich schien, ohne Vorbeugung überhaupt zu heilen, verordnete man, daß die an einer physischen oder moralischen Erbkrankheit Leidenden keine Eheschließung eingehen durften. Diese Regel wurde von allen angenommen und striktest befolgt. Der Erfolg war außerordentlich. Nach wenigen Generationen erhielt man ein Geschlecht gesunder, starker, physisch und ethisch ausgeglichener Menschen. Es gelang fast völlig, die Jugendsterblichkeit auszuschalten und eine fortschreitende Lebenserwartung zu erreichen.

Das mittlere Lebensalter auf dem Planeten liegt bei 90 Jahren, die 100 Jahre überschreiten etwa 30 Prozent der Bevölkerung, und noch nicht 20 Prozent sind es, die nicht 80 Jahre erreichen.

Wir möchten hier nicht abschweifen und eine Reihe von abstrakten Betrachtungen aufstellen; wir geben hier nur einen Vergleich mit unserer Erde. Unsere Medizin hat fortschrittlich wirklich Wunder vollbracht, aber wir gießen Wasser in ein Faß ohne Boden. Wir gleichen einigermaßen den Marsianern in der Aufzucht unseres Viehs, unsere Pferde, unserer Hunderassen, unserer Hühner, aber nur wenig sorgen wir uns um die Abstammung unserer Kinder. Mehr noch: mit der Befürwortung oder Duldung der Prostitution legen wir aufs Gratewohl den Keim des Lebens für pervertiert, erbkranke, unwürdige, kriminelle Geschöpfe ohne jede Hemmung, darunter Mütter, die dieser Bezeichnung gar nicht würdig sind. Leider verbreitet sich der schlechte Same meist mehr als der gute, und durch die ständig wachsende Prostitution wird die Mutterschaft immer mehr in Mitleidenschaft gezogen. Weitere Beispiele aufzuführen, ist überflüssig.

Wo der Marsianer aber geradezu erstaunliche Leistungen vollbracht hat, ist auf dem Studiengebiet des menschlichen Gehirns. Es gelang hier der Chirurgie bereits vor Jahrhunderten, Anomalien zu korrigieren und die Gehirnfunktion in ihrer Leistung zu steigern und zu vervollkommnen. Auch über dieses Thema soll der zweite Band eine ausführliche Abhandlung bringen.

Religion

Die Religion ist stets die Grundlage der Gesellschaft und der Eckstein jeder Zivilisation gewesen. Wir kennen keine Gebiete, Gesellschaften, noch Stämme, so wild sie auch sein mögen, die sich nicht um ein Heiligtum zusammengefunden hätten.

Wie auch die Manifestation ihrer Gedanken gewesen sein mögen, die Existenz eines höheren Wesens, einer absoluten Idee, haben immer das Bewußtsein erfüllt und das Leben und den Fortbestand jeglicher menschlichen Gesellschaft gelenkt, wie auch der Grad der Entwicklung gewesen sein mag.

Die Beherrschung der Materie und eine tiefe Kenntnis der Natur haben deutliche Rückwirkungen in bezug auf die universelle Idee der Gottheit hervorgebracht. Die höherentwickelten Geister sahen sich mehr und mehr in dem Glauben an Gott bestätigt, sich in einer immer höheren Auffassung der erhabenen Grundsätze sublimierend. Die schwachen und kleinmütigen Geister dagegen sind vor dem Begriff Gott gescheitert, in dem sie sich selbst an seine Stelle setzen wollten.

Was wir hier von den Individuen sagen, trifft auch genau auf die Gesellschaften zu. Je mehr sich eine Nation erhoben hat, um so mehr konnte sie aus dieser Wahrheit Nutzen ziehen. Um so mehr konnte sie sich aber auch von diesem sicheren Weg entfernen und Gott verneinen.

Stellen wir uns vor, wir säßen in einem Eisenbahnzug. Wenn wir uns nun im ersten, dem Gepäckwagen, befinden, so werden wir kaum die Existenz der Lokomotive vorn verneinen können, denn wir hören ja auch ihr Geräusch. Es wäre natürlich unsinnig, sie zu leugnen, auch wenn wir in einem der letzten, mit Komfort versehenen Wagen sind, weit vom Lärm und den sonstigen Auswirkungen der Maschine entfernt.

Die Individuen und menschlichen Gesellschaften, welche die Existenz der „Lokomotive" zu verneinen vorgeben, sind wie ein Wagen, der sich vom Zug losgelöst hat; er wird unbeweglich auf der Strecke stehenbleiben und von einem nachfolgenden Zug zermalmt, ausgelöscht werden.

Die Geschichte hat uns den Aufstieg von Nationen gezeigt, die es fast zur Weltherrschaft brachten, um sich dann bald aufzulösen und anderen als Sklaven zu dienen, die wiederum denselben Weg gehen mußten. Die Ursache und Stärke einer solchen Größe ist immer ein Glaube, und die Verneinung Gottes ist ihr unvermeidliches Grab.

Die Philosophie und die Wissenschaft der Marsianer gehen immer vom ersten Falle aus und leuchten dadurch mit großer Klarheit. Auf der Erde ist es umgekehrt. Wir haben die Tendenz, die Materie als oberstes Prinzip anzusehen. Daher unsere Irrtümer, unsere Niederlagen auf den Gebieten der Forschung, daher die Auswüchse und Ungeheuerlichkeiten der Intelligenz, daher die Gottesleugner und Freidenker, für welche die Realität der Dinge ihr zwei Pfund Gehirn ist.

Was und wer ist der Gott der Marsianer?

Die Auffassung von Gott kann nicht anders sein als diejenige, die Er selbst Mose, dem Gläubigsten der Weisen, gegeben hat: „Ich bin der Herr, dein Gott", und die Er dem Weisesten der Heiden, Cicero, gab: „Causa Causarum" - "Ich bin der Ursprung aller Dinge".

Seit der gelehrte Priester Zanella seinen Fuß auf den Planeten gesetzt hatte, stellte er eine ernste Forschung über die Fundamente und religiösen Theorien der Marsianer an und schrieb darüber einen ausführlichen Bericht. Wir beschränken uns hier darauf, eine kurze Erklärung anzuführen, die von dem frommen Marsianer, der uns zur Begleitung dient, gegeben wurde.

Wir sehen uns von so vielen Dingen umgeben, die zu verstehen uns schwerfallen, die wir aber zwangsläufig anerkennen müssen, ohne sie wirklich zu erfassen. Immerhin, wenn wir etwas philosophisch denken oder wenn wir nur ernstlich überlegen, müssen wir erkennen, daß sich alles in unserer Umgebung entwickelt und verändert. Alles, was sich wandelt, hat einen Anfang gehabt und wird ein Ende finden. Nichts, was begann und endete, hat ohne äußere Ursache angefangen. Die primäre Ursache ist unwandelbar, ohne Anfang, also auch ohne Ende.

Diese Ursache ist unendlich aktiv, die Offenbarung ihrer Aktivität ist äußerlich, das Ende ist stets wieder der Anfang anderer Dinge. Gott ist die primäre Kraft von allem, was existiert. Er ist der Anfang und die Ursache aller Dinge, mit größerer Vernunft als jedes rationale Wesen. Dieses höchste Wesen ist das, war wir „Sundi", Gott, nennen.

Gott lebt nicht, Gott ist. Alles, was lebt, wird geboren, wandelt sich und stirbt. Gott hat keinen Anfang gehabt, weil er aufhören würde, Anfang zu sein; Gott wandelt sich nicht, weil er ewiger Anfang ist: Gott stirbt nicht, weil er niemals angefangen hat zu existieren. Alles besteht durch Ihn, mit Ihm. Gott ist alles. Vor Ihm gilt nichts. Er gilt durch alles und alles gilt nur durch Ihn.

Jedes denkende Wesen, jeder Erforscher der Natur und ihrer Gesetze muß von dem Prinzip ausgehen, daß jede Wirkung ihre Ursache haben muß und daß alle Ursachen einen Endpunkt haben müssen, der wiederum die höchste Ursache ist.

Beim Aufsteigen der Ursache zur Wirkung oder beim Absteigen von der Wirkung zur Ursache ist es nötig, sich immer das Ende beider vor Augen zu halten, das beiden das Recht zum Sein gibt.

Ohne die Kenntnis der Existenz von Gott und ohne ihn anzuerkennen, wird jedes wissenschaftliche Werk in sich zusammenbrechen. Auf dem Mars sind der Kult und die Anerkennung Gottes unabdingbar.

Die Manifestation dieses Kultes ist einfach und natürlich. Das gebräuchlichste Symbol der Gottheit ist ein Kreis (das Universum) mit einem Mittelpunkt aus Gold (Gott). Von dem Zentrum gehen leuchtende Strahlen bis zum äußeren Rand (die von der Ursache ausgehende Wirkung). Von dem äußeren Kreis gehen konvergierende Strahlen zum Zentrum. Gott ist der Ursprung aller Dinge, zu dem alles zurückkehrt.

Dieses Symbol steht an hervorragender Stelle an allen öffentlichen und privaten Gebäuden. Es ist das geheiligte Zeichen aller Bewohner des Planeten. An allen wichtigen Zentren der Bevölkerung erhebt sich ein Tempel in kreisrunder Form, der von dem heiligen Symbol gekrönt ist.

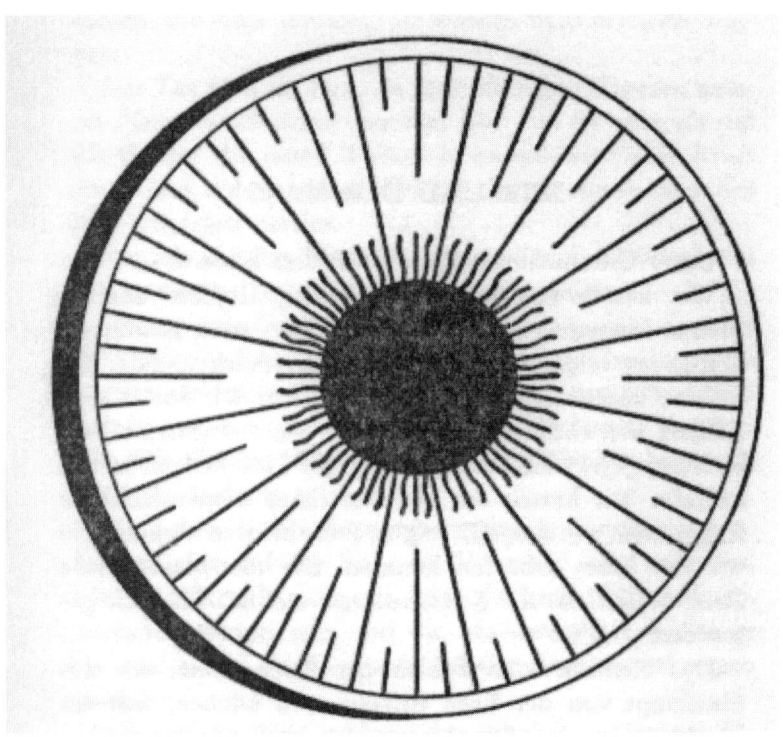

Das allgemeine Symbol der Göttlichkeit auf dem Mars: Eine goldene Scheibe mit einem erhabenen Mittelpunkt. Vom äußeren Rande gehen zurückkehrende Strahlen zum Zentrum.

Einmal im Jahr feiert man Sundi zu Ehren ein eindrucksvolles, herrliches Fest, in Anbetung und Dankbarkeit, mit besonderen Riten. Aller Geburten, Ehen und Todesfälle wird in den Tempeln mit besonderen Zeremonien gedacht.

Alle Einzelheiten über Riten und religiöse Organisation werden von Zanella in seinem Buch ausführlich berichtet. Nur ein Detail möchten wir hier noch erwähnen: der Tod hat auf dem Mars nicht den tragischen Charakter, von dem er auf Erden überschattet ist.

Die Marsianer haben nicht das Erscheinen Jesu Christi erlebt; aber der Kult und die Verehrung zum Gedenken des großen Reformators Dani fällt zeitlich genau mit der Erscheinung Christi auf Erden zusammen. Das veranlaßt uns mit gutem Grund zu der Vermutung, daß alle bewohnten Gestirne und Planeten zur selben Zeit einen besonderen Gesandten erhielten, mit einer den Umständen und Bedingungen eines jeden einzelnen Gestirnes angemessenen Mission.

Wir und der Mars

Unser Unternehmen näherte sich dem Ende. Wir hatten nun einen klaren Begriff über unseren Freund-Planeten, vor allem aber über unsere Bewohner. Wir gaben vergleichsweise eine genaue Schilderung der Bewohner unserer Erde und ihrer Systeme. Wir hatten eine Allianz von ehrlicher Freundschaft und aufrichtiger Verbindung gegründet, die für uns große Hoffnungen in sich schließt. Wir hatten das meist ersehnte wissenschaftliche Experiment mit einem Erfolg zu Ende bringen können, wie wir ihn kaum erhoffen konnten. Die interplanetarische Reise vermittelst der Sonnenenergie war Wirklichkeit geworden!

Das Problem vom Fehlen der Atmosphäre, um sich überhaupt von der Erde entfernen zu können, war ein Mythos geworden. Die Atmosphäre ist für unsere mechanischen Mittel unerläßlich, für die energetischen Schiffe ist dieselbe ein Hemmnis. Ihr Aktionsgebiet ist der lutfeere (d.h. nur mit leichtem Äther angefüllte) Himmelsraum. Die in diesen Schiffen eingebauten Maschinen sind für die Tätigkeit in der Atmosphäre nötig.

Das Universum ist größer und schöner als wir es vermuteten. Alle Bewohner des Universums sind mit der gleichen Intelligenz begabt wie wir. Wir konnten uns davon überzeugen, daß wir nicht die Besten sind, aber die Aussichten, die unser Planet haben darf, sind erfreulich, und die positiven Kräfte, wir betonen das ausdrücklich, sind mächtig. Die düsteren Flecken, die das irdische Panorama beschatten, sollten wir nicht fürchten; sie werden bald zerstreut werden.

Der Tag ist nicht fern, an dem die engen Grenzen unseres Planeten sich öffnen werden. Die Zeit ist nahe, da sich die Geister des guten Willens in unwiderstehlicher Kraft einen werden und die negativen Kräfte, den Egoismus und den Haß, wegfegen werden.

Der sehnsüchtige Wunsch aus Tausenden von Jahren wird sich in eine herrliche Wirklichkeit verwandeln.

Unsere grandiosen Experimente werden für alle eine Botschaft des Ansporns und des Durchhaltens bedeuten. Sie werden denjenigen, die ihre Intelligenz verbrecherischen Kriegsunternehmungen widmen, ein schwerer Vorwurf sein. Die Großen aber, die sich um den Frieden bemühen, werden erleichtert aufatmen.

Wir haben in den Marsianern mächtige Bundesgenossen. Solange aber auf der Erde die Vernunft nicht zunimmt, können wir noch nicht mit ihrer direkten Hilfe rechnen. Trotzdem wissen wir und die Marsbewohner wissen es gleichfalls, daß die Vernunft auf der Erde einmal siegen wird.

Alle auf der Erde ersehnen den Frieden. Diejenigen, die ihren Mitmenschen das scheußlichste Joch in der Geschichte der Menschheit auferlegen wollen, sind einige Irre; ihre Opfer aber sind Millionen. Wenn dieses Joch immer noch besteht, so ist es, weil ihre Opfer, durch brutale Kraft gezwungen, es aus Angst und Feigheit immer noch tragen.

Alle Nationen wollen den Frieden. Wir wissen sehr wohl, wer nicht damit einverstanden ist. Wir bedauern, die Gelehrten, die gezwungen sind, der schlechten Sache ihre Kräfte zu widmen; wir bedauern die Demütigen, die dieses Joch tragen; wir bedauern auch die Unwissenden, die den Lügen glauben. Wir erinnern aber daran, daß der Friede denen versprochen wurde, die da guten Willens sind, nicht aber den Entarteten und nicht den Heuchlern. Wenn diese geschickten perversen Rechner den Krieg wollen, so werden wir doch mit Sicherheit den Sieg davontragen. Wir lassen uns von ihren Prahlereien nicht einschüchtern.

Ihr sollt euch keinen Illusionen über den Mythos einer Atommacht hingeben!

Hört und überlegt wohl! Es existieren gegen diese Macht drei Faktoren von unzerstörbarer Potenz und Waffen, an die ihr nicht denkt: Die Sehnsucht der Menschheit, Gott, der euch richtet, und die Freundschaft der Gestirne. Euer Ehrgeiz ist heute das einzige Hindernis für das Wohlergehen der Welt; aber lernt aus der Geschichte: Das Schlechte kann Schlachten gewinnen, aber niemals die letzte. Ihr glaubt an die Materie, aber ihr werdet, wie eure Materie, umkommen und verwesen. Wir glauben an den Geist, und wie der Geist werden unsere Ideen unsterblich sein.

Sklaven! Schleudert die Waffen den Tyrannen vor die Füße, vernichtet die Atomarsenale! Nie mehr Brüder gegen Brüder! Die Himmel werden uns zu Hilfe kommen und Hymnen der Glorie und des Friedens anstimmen!

Friede und Einigkeit werden nicht mehr unmöglich sein.

Die großartigen Erfahrungen auf dem Mars haben uns diese Ergebnisse gezeigt. Es ist der Mühe wert, dafür jeglichen Preis zu zahlen. Die Einigung aller Völker zu einem einzigen Volk muß das Ziel aller Erdenbewohner sein. Der Zugang zum Planeten Mars wird jedem offenstehen - und der Schöpfer des Universums wird uns Unsterblichkeit verleihen, das höchste Ziel des Geistes!

Jeder von uns setzte sein größtes Bestreben ein, nochmals die

Aufgaben zu überdenken, für die er vorgesehen war. Wir hatten den lebhaften Wunsch, nach der Erde zurückzukehren, um dort unsere überwältigenden Erlebnisse mitzuteilen.

Ohne Rückhalt haben uns die Marsianer alle gewünschten Informationen gegeben. Sie setzten alle Forschungskräfte ein, um mit unseren Systemen die Verbindung zwischen dem Mars und unserer irdischen Basis zu vervollkommnen sowie die Störungen zu beseitigen, die sich im neutralen Feld des Raumes zwischen den Anziehungsgrenzen der beiden Planeten ergeben hatten. Diese Schwierigkeiten wurden fast vollkommen beseitigt.

Wir machten verschiedene Flüge nach anderen Teilen des Planeten, um die wichtigsten Industriezentren kennenzulernen, von denen drei, in der Hauptstadt gelegen, wirklich gigantisch waren. Die zentrale und wichtigste Forschungsbasis ist diejenige für die Sonnenenergie, die ja für zahllose Anwendungen zum praktischen Gebrauch eingesetzt wird.

In ihren wissenschaftlichen und industriellen Zentren bestehen keinerlei Vorbehalte. Bis zum letzten Detail steht jedem alles zur Verfügung.

TANIO, die Hauptstadt

Wie wir schon sagten, bestehen die Häuser aus einem einzigen Stockwerk. Im Innern sind Gärten mit einem Wasserbecken angelegt. Ein größerer Platz dient der Erholung und für Leibesübungen. Man muß sich die Häuser wie antike römische Wohnsitze mit orientalischen Terrassen vorstellen. Etwas unterscheidet sie von allen Konstruktionen unserer Städte: alle Fenster sind breit, ungefähr von der Größe der unseren, aber quer angeordnet. Die Wohnungen sind groß, aber niedrig. Tanio, die Hauptstadt, hat eine größere Ausdehnung als es London und New York haben. Ihre Einwohnerzahl beläuft sich auf etwa 250.000 Marsianer.

Die Stadt, wie eine geometrische Zeichnung, gibt von oben betrachtet den Eindruck eines Schachbretts. Ihre Häuserblöcke von mehr als 300 Meter enden meist in einem Park mit herrlichen Anlagen.

Drei große Kanäle durchkreuzen die Stadt, und sie verbreiten sich oft zu kleinen Seen als Zierde und zur Erholung. Da der Marsianer ein begeisterter Liehaber der Natur ist, sind seine öffentlichen und privaten Gärten wahrhafte Träume, in denen sich zwischen dem Duft und den Farben der Blumen auch Pflanzen mit exotischen Früchten befinden.

Die äußeren Wände der Häuser der Hauptstadt und anderer Siedlungen sind mit weiten Hohlräumen zum Ausgleich der Temperatur versehen, ein sehr wichtiger Faktor, da der Temperaturunterschied zwischen den Jahreszeiten viel stärker als auf der Erde ist. Das primäre hauptsächlichste Baumaterial ist eine besondere Steinart, die an den üblichen Travertin der römischen Bauten erinnert, nur viel leichter und zum Bebauen geeigneter.

Er besitzt eine große Adhäsionsfähigkeit, ähnlich unserem Zement, ist aber leichter als Gips.

Der Gottestempel in Tanio ist ein wahres Wunder aus Stein und ausgewähltem Marmor mit kostbaren Metallen und verschwenderischen Goldinkrustationen. Ebenfalls sehr eindrucksvoll und künstlerisch sind die öffentlichen Gebäude, die wir Regierungsgebäude nennen würden: Zentralwissenschaftliches Forschungsinstitut, das Himmels-Observatorium usw.

Die Stadt strahlt eine Aureole von Frieden und Ruhe aus, die sie unwiderstehlich anziehend macht. Der Marsianer reist wenig. Fast der ganze Verkehr spielt sich in der Luft ab und völlig lautlos. Wer, wie wir, nicht daran gewöhnt ist, bekommt den Eindruck einer verzauberten Stadt trotz des besonders lebhaften Betriebs, der anläßlich unseres Besuches herrschte. Das Klima in Tanio entspricht ungefähr einem Mittel von 12 Grad.

TAGE und sein Heim

Am Tage nach unserer Ankunft wurden wir nach der Residenz vor Tage gebracht, dem die „hohe Ehre" erteilt wurde, uns den Willkommensgruß zu entbieten.

Gleich nach unserem Empfang lernten wir die besondere Hochachtung kennen, die dieser Mann auf dem Mars genießt. Auch wir hegten ihm gegenüber nicht nur Verehrung, sonder auch eine große Zuneigung, wie man sie einem Vater und Lehrer gegenüber empfindet, dessen Name und Persönlichkeit alle Bewohner der Erde denselben Tribut zollen werden, da er als erster die Verbindung zwischen den zwei Welten möglich machte.

Er hatte dem Plan der Marsianer, eine direkte Verbindung mit der Erde aufzunehmen, nicht zugestimmt. Er hielt es für verfrüht. Tage beschloß selbst, das große Abenteuer zu unternehmen, was die Marsianer dann auch billigten und wodurch dann auch das friedliche Zusammenarbeiten der beiden Planeten ermöglicht wurde.

Der Aufenthalt im Hause Tage wird die schönste Erinnerung unseres Lebens bleiben, und wir können bis jetzt nicht die Folgen dieses glücklichen Umstandes ermessen. Außer seiner Gattin und einem Sohn kam uns auch die Tochter dieses bedeutenden Mannes, Dile, entgegen, das bezauberndste Wesen, deren Erscheinung nicht nur unser, sondern insbesondere das Herz des Jüngsten unserer Expeditionsteilnehmer, des gelehrten Franzosen Lovoisier, völlig gefangennahm, was dem Vater nicht entging. Er sah es mit Wohlgefallen und gab dem Kollegen die Hoffnung auf eine außerordentliche Eheverbindung; es sollte wie eine wirkliche Vereinigung der beiden Planeten sein.

Seit dieser Zeit hat unser guter Franzose völlig die Ruhe verloren; den Körper auf der Erde und die Seele auf dem Mars, seufzt er dem Zeitpunkt unserer nächsten Reise entgegen, bei der wahrscheinlich das außerordentliche Ereignis in Erfüllung gehen wird.

Die Sprache

Wir kennen bereits die hauptsächlichste Charakteristik der Marssprache. Ihre Vokale werden rein und klar ausgesprochen; es existieren weder nasal gesprochene Laute noch scharfe, gehauchte oder gutturale Konsonanten. Im allgemeinen klingt die Sprache musikalisch mit genügend Tonfall in der Stimme, vor allem in längeren Sätzen. Wie wir schon bemerkten, hat sie viel Ähnlichkeit mit unseren neulateinischen Sprachen. Übrigens unterscheidet sie sich hauptsächlich in ihrer Grammatik sehr stark von jeder irdischen Sprache.

Die Mehrzahl der Worte ist zweisilbig; die dreisilbigen, hauptsächlich technischen und wissenschaftlichen Ausdrücke sind seltener. Es gibt kaum Akute (scharfe Betonungszeichen).

Die Kultur ist reich an literarischen Werken, vornehmlich wissenschaftlichen, technischen und ethischen Inhalts; es überwiegen diejenigen historischen Charakters. Die romanhafte Literatur, wie wir sie kennen, ist unbekannt. Werke bibliographischer Art sind außerordentlich zahlreich, und jede Familie führt eine Art Familienchronik mit der ganzen Geschichte ihrer Sippe, die oft wahre Kunstwerke darstellen.

Die Frau beherrscht die literarische Produktion, denn, wie wir schon berichteten, ist sie ein Wesen von hoher Kultur und außerordentlicher Bildung.

Wir können hier nur eine ungefähre Übersicht der marsianischen Literatur geben, denn es war uns in der gegebenen Zeit nicht möglich, tiefer in die Materie einzudringen.

Niemals war es auf dem Mars nötig gewesen, die bei uns so gepriesene Gedankenfreiheit zu verteidigen, denn es gab dafür keinerlei Grenzen.

Auf der Erde gerät man oft in absurde Widersprüche und unbegreifliche Anachronismen.

Eine der am meisten auf Erden geforderten Freiheiten ist die Pressefreiheit. Aber was verstehen wir unter dieser Freiheit? Auf dem Mars käme es niemanden in den Sinn, sich dieser Freiheit zu bedienen, um unmoralische Ideen, Obszönitäten, umstürzlerische Gedanken gegen die soziale Ordnung, antireligiöse Dinge usw. zu verbreiten. Gerade weil die Verbreitung des geschriebenen Wortes eine wirkliche universelle Macht darstellt, muß sie von besonnenen, kritischen, mit gesunden Prinzipien begabten Individuen gelenkt werden. Wir können nicht den großen Mißbrauch leugnen, der auf unserem Planeten mit dieser Macht getrieben wird, und kennen die tragischen Konsequenzen.

Wir beschränken uns einstweilen hier darauf, alle graphischen Zeichen der Marssprache widerzugeben:

A B C D E F G H I J K L M N O P Q R S T U V W Y X Z
□ Λ L ⌡ ∕ \ ∪ ⊏ ∩ ∩ ⊓ o ⋎ ∆ ⋎ > < ⊓   ⌇

Es ist offensichtlich, daß das Mars-Alphabet nicht die den unseren entsprechenden Buchstaben besitzt, wie : h, j, k, v, w, y, x. Dagegen ist der Unterschied in der Aussprache, zum Beispiel zwischen s und z, sehr groß. Das r hat einen sehr sanften Klang.

Die Zahlen unterscheiden sich sehr stark von unserem System, denn man rechnet nur mit sechs Zahlen:

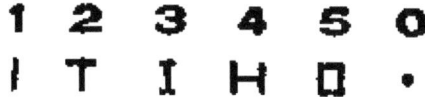

Die wichtigen marsianischen Begriffe, die in diesem Buch gebraucht werden, und ihre Bedeutung sind:

Zeichen:	Aussprache:	Bedeutung:
∩ovo...	Loga	Mars
⅃oun...	Dogue	Erde
⅃-∩∩...	Minu	Mond
<ow....	Tage	Eigenname
<a∩-o..	Tanio	Hauptstadt des Mars
⅃-∿....	Dile	Frauenname
>o∇-....	Sori	Satellit des Mars
∩ouoⱭ.	Logare	Sozial-politischer Chef
>o∇-∩∩.	Sarinu	Chef für Kultur
>∩∩-∩o.	Sunina	Chef für Religion
⅃o×....	Nose	Statthalter
>∩∿-...	Sundi	GOTT
>∩∩-....	Suni	Sonne
∟∩∩-....	Cuni	Bündnis

Rückkehr

Andere interessante Einzelheiten werden wir später bekanntgeben.

Unsere Schiffe lagen bereit, uns nach der Erde zurückzubringen, und auf dieser Reise sollten wir abermals von sechs Marsschiffen begleitet werden, wieder geführt von Tage, dem wir unbegrenztes Vertrauen entgegenbrachten. Jedes Schiff trug sechs Mann Besatzung an Bord, zusätzlich weitere drei für jedes unserer Flugzeuge. Diese insgesamt 45 Marsianer waren, mit Ausnahme von fünf neuen, dieselben, die uns vorher auf unserer Reise begleitet hatten.

Diesmal begaben sich mit uns zwei hervorragende Spezialisten in religiösen Fragen auf die Fahrt zur Erde. Sie waren außerordentlich interessiert gewesen, als ihnen unser Priester von unserer Religion erzählte, vor allem alles, was sich auf die Mission Christi bezog, die Doktrin und die Organisation unserer Kirche. Auf ihrem Programm stand auch eine Reise nach Rom, und als dem Haupt der Kirche war für das Jahr 1960 auch ein Besuch beim Papst vorgesehen. Es sollte ihm ein besonders abgefaßter Band über die moralische Doktrin und die religiösen Prinzipien auf dem Mars überreicht werden.

Der Aufenthalt für die gegenwärtige Aufgabe auf der Erde war auf elf Tage vorgesehen, die Rückkehr zum Mars sollte am 2. November stattfinden. Vierzehn Marsianer würden bis 1960 auf unserer irdischen Basis bleiben mit der hauptsächlichen Aufgabe, die Arbeiten für die interplanetarische Verbindung fortzusetzen und eine Reise nach der Venus vorzubereiten. Was uns dabei am meisten ermutigte, war die erfreuliche Nachricht, daß auch Tage so lange auf der Erde bleiben würde.

Wir lebten in einem wahren Zustand der Aufregung. Alles schien uns ein Traum, der sich dank der wundervollen und uneigennützigen Mitarbeit der Marsbewohner in Wirklichkeit verwandelte.

Das ferne flimmernde Leuchten unseres schönen Sterns, der Erde, lud uns zur Durchkreuzung des Raumes ein, um in ihrem Schoß zurückzukehren. Wir hatten für sie herrliche Botschaften des Friedens und des Gedeihens. Wer konnte sich wohl vorstellen, daß auf diesem leuchtenden Punkt, der ruhig nach dem Takte der göttlichen Harmonie im Raume tanzte, an diesem winzigen Fleck, den wir durch den Schein des Sonnenlichtes unterscheiden konnten, dort Wunder von Kontinenten, hohen Bergen, schäumenden Meeren, die gegen Granite brandeten, Farben, Blumendüften, Früchten seien? Daß dort herrliche Wesen lebten, die fähig waren, bis zu anderen Welten vorzudringen, von so viel Adel, aber auch von so viel Leidenschaften, Haß, Hoffart und so viel Unvernunft, daß sie es wagten, ihre Stimme gegen den Schöpfer solcher Größe zu erheben?

Niemals hatten wir Gott so groß gesehen wie in der Unendlichkeit des Himmelsraumes; den Gott, den der Erleuchtete von Galiläa anrief: Vater, unser, der du bist im Himmel!

Es war der 19. Oktober, auf dem Mars um 9 Uhr, als die Schiffe begannen hell aufzuleuchten und sich auf die Fahrt in den Sonnenraum zu schwingen.

Für Augenblicke vergrößerte sich die Scheibe des Mars, bis sich dann seine Konturen auf dem Reflektor-Diagramm verwischten und sein Umfang nach und nach abnahm.

Jetzt hatten unsere Schiffe einen höheren Antrieb als bei unserer Ankunft, denn sie steuerten direkt Richtung Sonne. Ihre Schnelligkeit betrug 150.000 Kilometer in der Minute.*) In diesem Zeitraum hatten sich die beiden Planeten etwa 40.000 Kilometer voneinander entfernt, aber diese Strecke war nicht genau zu bestimmen. Um drei Uhr kreuzten wir die himmlische Grenze zwischen dem Gebiet des Mars und dem irdischen Planeten und seinem Anziehungsfeld.

Unsere Aufmerksamkeit und die unserer Kollegen war völlig auf die Fortbewegung nach der Erde zu gerichtet.

Die ersten Nachrichten wurden ausgetauscht. Eine Ruhe und unaussprechliche Freude bemächtigte sich unser, so daß wir die Tränen kaum zurückhalten konnten. Für Augenblicke waren wir völlig überwältigt.

Indessen näherte sich der Mond mit unglaublicher Schnelligkeit. Wir hatten kein Zeitgefühl mehr, und die Zeitmesser interessierten uns auch nicht mehr.

Die Stimme Tages weckte uns aus der unaussprechlichen Lethargie. Er gab seine Instruktionen zur allmählichen Verringerung der Schnelligkeit zur Landung auf dem Planeten der Erde. Die Schiffe brauchten 40 Minuten, um auf ein gemäßigtes Tempo zu kommen, das für den letzten Flug vom Mond zur Erde unerläßlich

---

*)   Das entspricht 9.000.000 h'km.

war. Wenn wir mit dieser Geschwindigkeit in die Erdatmosphäre eingetreten wären, würden schon beim ersten Kontakt die Schiffe in Flammen aufgegangen sein.

Als wir mit dem Mond in Berührung kamen, war es 15.40 Uhr.

Mit Sauerstoffmasken versehen, verließen wir die Raumschiffe, welche wieder der nötigen Prüfung für die notwendige Schnelligkeit unterworfen wurden, während wir uns beeilten, die letzte Botschaft zur Erde zu senden.

Die Antworten ließen deutlich die Erregung unseres Kollegiums auf der Erde erkennen; und es war genügend Grund dafür vorhanden.

Trotz seiner großen Bescheidenheit war ja der hauptsächlichste Urheber und Förderer dieses Geschehnisses unser Direktor Ettore Martinelli.

Ihm und seinen engsten Mitarbeitern, die ihr Leben der Forschung gewidmet hatten, verdankte man diesen Erfolg, dessen Krönung bevorstand.

Nachdem alles bereit war, verließen wir den Satelliten.

Es war 16.50 Uhr.

Die Entfernung, welche den Mond von der Erde trennt, ist fast unbedeutend im Vergleich zu der vom Mars zu Erde. Unsere Geschwindigkeit wurde auf ein Minimum herabgesetzt, das heißt 60.000 Kilometer pro Stunde mit allmählicher Reduzierung beim

Eintritt .in die Erdatmosphäre mit 8.000 Kilometer pro Stunde. Unsere Ankunft im Lager war auf 24 Uhr, Mitternacht auf der Erde, berechnet und erwartet.

Die Erde begann schon, sich im Halbschatten abzuzeichnen. Unsere Verbindung mit der Erde war wohl vorhanden, aber unzusammenhängend. Das war für uns als auch für die auf der Erde verwirrend.

Um 22 Uhr flogen die Schiffe mit dem geringsten Antrieb. Um 22.50 Uhr zeigten alle Instrumente die Erdatmosphäre an, und die Turbinen traten in Tätigkeit. Genau um 11 Uhr grüßte uns der matte Schein der Polardecke. Wir waren wieder in einer Welt, die uns noch fremd zu sein schien. Um 10 Minuten vor 12 Uhr nachts lud uns ein Glitzern von tausend Lichtern zum Landen ein. Drei Minuten fehlten an Mitternacht, als die Turbinen auf der Erde stillstanden.

Wir waren wieder auf der Erde!

Wir hatten 126 Millionen Kilometer in sechs Tagen zurückgelegt. 46 Stunden effektiven Fluges und 134 Stunden Aufenthalt auf dem Mars. Es ist unmöglich, die Wirkung unseres Berichtes zu schildern.

Es blieb uns noch eine Überraschung: Tage lud aus seinem Schiff 25 Zentner reinsten Goldes in Platten und übergab im Namen des hohen Triumvirats diesen Schatz an Martinelli. Dieses Edelmetall kommt auf dem Mars vielfach vor und findet durch seine besonderen Eigenschaften eine vielseitige Verwendung; aber es ist keine Werteinheit wie auf der Erde. Die Marsianer wußten sehr wohl, daß das Fehlen von Mitteln unsere Forschung hemmen konnte; andererseits wurde das Aufbringen dieser Mittel täglich problematischer, da die wachsende Gefahr unvorsichtiger Enthüllungen und mit ihnen eine sofortige Lahmlegung der Studien bestand. Nun war dieses Problem beseitig. Vom Mars kam uns die Hilfe, und man würde uns fortschreitend die nötigen Mittel verschaffen.

Zusammenfassung

Es ist uns nicht möglich, diesen Ausführungen noch etwas hinzuzufügen. Wir möchten nur noch einige Bemerkungen machen.

Es ist erstaunlich, wieviele Anwendungen die Sonnenenergie finden kann. Marconi hatte zahlreiche Experimente mit Ergebnissen überraschender Entdeckungen gemacht. Was den Meister am wenigsten ruhen ließ, war die Leichtigkeit der elektrischen Konzentration in den Wolken, wie es die Entladung durch die Blitze zeigt, und dies ohne mechanische Vorrichtungen. Es verlautet auch von einem gewissen Todesstrahl, der bestimme Organe des menschlichen Körpers angreifen würde, und anderen geheimnisvollen Anwendungen. Vieles davon war wahr, aber die meisten seiner Studien blieben hermetisch auf einen engen Kreis von intimen Mitarbeitern begrenzt, unter denen sich der bedeutende Jesuitenpriester Gianfranceschi von der wissenschaftlichen Akademie des Vatikans befand.

Da zu dem Zeitpunkt viele dieser Entdeckungen in den Händen gewisser Regierungen eine schwere Bedrohung gebildet hätten, bat Papst Pius XI., der selbst ein Gelehrter und großer Bewunderer und Gönner Marconis war, diesen um größte Zurückhaltung auf diesem Gebiet. Das heftige Drängen Mussolinis jedoch beschleunigte die Katastrophe im Leben des großen Meisters, der am 20. Juli 1937 starb. Die letzten Worte, die er dem Duce ins Gesicht schleuderte, waren: „Ich habe nicht 30 Jahre gearbeitet, um mich in einen Henker des menschlichen Geschlechts zu verwandeln."

Mit dem Tode Marconis versank eine Sonne in der Dämmerung, aber es erstand eine schönere und leuchtendere Morgenröte.

Seit dem Jahre 1936 hatte Marconi zu erreichen versucht, durch das Ausstrahlen von mächtigen elektrischen Wellen die Aufmerksamkeit der vermutlichen Bewohner von Mars und Venus zu erwecken und bemerkt zu werden. Es gab keinen Zweifel, daß diese Planeten von denkenden Wesen bewohnt wurden. Verschiedene seiner Schüler unternahmen es, ein wissenschaftliches Kollegium zu bilden, um die Arbeiten des Meisters fortzusetzen. Dabei waren sie aber darauf bedacht, die Ergebnisse nicht zu kriegerischen Zwecken in die unrechten Hände gelangen zu lassen; die Resultate hatten wir ja schon angedeutet. Viele andere Dinge werden gelegentlich veröffentlicht werden. Inzwischen möchten wir diejenigen Menschen, die guten Willens sind, zu Überlegungen anregen.

Die Welt ist viel größer und schöner als wir glauben. Es leben auch auf anderen Welten denkende Wesen wie wir. Die Intelligenz ist eine Fähigkeit, deren Manifestationen in jedem Teil des Universums die gleichen sind, deren mehr oder weniger hohe Entwicklung nur von den Umständen und der Umgebung abhängt, genau wie das Licht der Sonne im ganzen Sonnensystem dasselbe ist und nur in seinen Wirkungen sich den Umständen gemäß ändert. Auch auf der Erde gibt es Orte, an denen die Umgebung größere Möglichkeiten für die Evolution bietet (wir verstehen unter Evolution die vielfältigen Manifestationen; die Substanz selbst entwickelt sich niemals). So existieren auf den verschiedenen Gestirnen oder Planeten Lebewesen, die mehr oder weniger als wir entwickelt sind. Gehen wir 2.000 Jahre der Zeit voraus, so haben wir den gegenwärtigen Stand der Marsianer erreicht.

Die Intelligenz kennt keine Entwicklung, sie hat immer dieselben Manifestationen. Im ganzen Ablauf der Geschichte werden wir schöpferische Geisteskräfte finden wie; Archimedes, Solon, Aristoteles, Cäsar, Augustus, Homer, Cicero, Dante, Leonardo da Vinci, Michelangelo, Marconi. In der ganzen Geschichte finden wir auch Ungeheuer wie: Heliogabal, Attila, Stalin, und hybride Genies wie: Alexander, Napoleon, Hitler. Die meitsten Manifestationen gewisser materieller Fortschritte sind nichts weiter als physische und physikalische Experimente, die einen Drang auf den Geist ausgeübt haben.

Was ist es, das uns am Fortschritt der Bewohner des Mars so erstaunt? Sie haben im ewigen Kampf zwischen Geist und Materie das richtige Gleichgewicht gefunden, die Koordinierung ihrer Beiträge und folglich auch die hohe Entwicklung beider.

Was könnten wir auf der Erde erreichen, wenn wir den Geist nicht der Materie opferten, wenn wir unsere Wissenschaft von so viel Sinnlosigkeit befreien würden, wenn wir unsere Forschungen koordinierten, wenn wir von unserem Globus alle trennenden Linien streichen würden, die uns physisch und moralisch voneinander trennen? Die Erde hat nur eine Grenze: Ihren Umfang. Es gibt für sie nur ein Grenzgebiet, das, welches ihr durch das Sonnensystem bestimmt ist.

Bewohner der Erde! Schleudert den Tyrannen die zerstörenden Waffen vor die Füße! Macht aus dem Haß einen riesigen Scheiterhaufen und baut auf seiner Asche einen Altar mit den granitenen Säulen der Einigkeit und dem Weihrauch des Geistes, zum Dank an den Höchsten, dem Schöpfer aller Dinge.

Dieses Erwachen ist nahe, die Materie ist ohnmächtig vor dem Geist, denn der Geist ist unendlich. Die Verbindung zwischen Geist und Materie wird uns den erwünschen Frieden geben. Die Welt ist schön und groß. Erinnern wir uns daran, daß die Nacht von den Umständen abhängt, die Sonne aber immer leuchtet.

Die Marsianer besuchen unsere Erde, und der Zweck dieser Publikation ist, alle Bewohner der Erde aufzuforden, die Verbindung mit ihnen zu suchen. Man stelle Wappen und Abzeichen der Marskugel, ihrer religiösen Sinnbilder, her und trage dieselben und bringe die Zeichen überall an, an unseren Fahrzeugen und an unseren Gebäuden. Man beseitige die irrtümlichen Darstellungen in Filmen, Zeitungen und Zeitschriften.

Verkünden wir laut unsere Wünsche nach Vereinigung, Friede und Freundschaft!

In stiller Nacht wollen wir unsere Blicke zum Firmament erheben, an dem Millionen von Sternen als Wunder von Harmonie und Frieden leuchten. Denken wir an die Schönheiten, die jeder dieser glänzenden Punkte einschließt, und an die Tausende von Millionen Geistern, die an uns und wie wir denken. Die Welt, die Erde und das Leben werden uns schöner erscheinen, mehr wert, es zu leben. Erheben wir unsere sehnsüchtigen Gedanken zu unseren Nachbarn auf dem Mars, vergessen wir die irdischen Nichtigkeiten, vereinigen wir uns mit den Sternenfreunden zum Lobgesang an Gott, dessen Werke so herrlich sind!

Bilder: Narciso Genovese auf der UFO-Konferenz im August 1965 (jeweils in der Mitte), rechts neben ihm Karl L. Veit, links der Übersetzer Alfonso d'Aubert.

Auszüge
aus unserem Schriftwechsel mit
Narciso Genovese

Die Leser werden sich vorstellen können, daß wir mit Narciso Genovese in einem höchst interssanten Briefwechsel stehen. Um seiner und seines wissenschaftlichen Teams Sicherheit willen können wir jedoch bei weitem nicht alles bekanntgeben. Es besteht die Planung, daß Herr Genovese 1965 nach Europa kommt, was den Mitgliedern der DUIST im Rahmen einer internen Tagung mitgeteilt wird. Nachstehend folgen einige Auszüge aus Briefen, die auch zukünftige Zielsetzungen widerspiegeln. A. u. K. Veit.

24. Januar 1964

Sehr verehrte Freunde Veit!

Ihren Brief vom 3. Januar 1964 habe ich erhalten und danke Ihnen sehr für Ihre Stellungnahme sowie für das Vertrauen, das Sie mir entgegenbringen. Auch ich kann Sie meiner Wertschätzung und meines Vertrauens versichern, und ich bin davon überzeugt, daß Sie dasselbe Vertrauen zu der Gesellschaft haben werden, die ich vertrete und die praktisch und technisch arbeitet. Ihre Angaben habe ich meinen Mitarbeitern übermittelt.

Es freut mich, Ihnen mitteilen zu können, daß uns Ihre Arbeiten in Europa nicht unbekannt waren, daß wir vorsichtige Erkundigungen darüber anstellten und daß wir zudem in allernächster Zeit Verbindung mit Ihnen aufgenommen hätten. Da Sie nun den ersten Schritt getan haben, glaube ich, daß dieser Austausch ein sehr enger werden wird.

Es ist mir ein Vergnügen, Ihnen mein Buch "Ich bin auf dem Mars gewesen" sowie ein Exemplar "Die Hekatombe und der Frieden" übersenden zu können. Letzteres wid Sie genauso interessieren, da es sehr wichtige Daten enthält. Wenn es den Zielen der "Deutschen UFO/IFO-Studiengemeinschaft"*) entspricht, kann es auch ins Deutsche übersetzt werden.

Schon seit einem Jahr ist unsererseits der Entschluß gefaßt worden, die Kenntnis über das Vorhandensein unserer Gesellschaft zu verbreiten, denn unsere Arbeiten bedeuten eine Hoffnung für die Menschheit, um die Idee einer universellen Verbindung aller Weltbürger zu fördern, um die Geister zu einen und die barbarischen Absichten der bösartigen Gegner niederzuschlagen, die die Menschheit entzweien, weil sie sich höher gelagerten Ereignissen nähert.

Mit herzlichen Grüßen   Ihr aufrichtiger
                               Narciso Genovese

---

*)   Die Studiengemeinschaft ruht wegen Erkrankung ihres Gründers Karl Veit.

7. September 1964

Sehr geschätze Freunde Veit!

. . . Inzwischen war ich fünf Monate abwesend und besuchte unser "Lager" sowie unsere Mitarbeiter. Dort sprachen wir ausführlich über alles, was unsere Angelegenheiten betrifft, und ich kann Ihnen erfreulicherweise mitteilen, daß ein vollkommenes Übereinkommen besteht, vor allen Dingen in den hohen und edlen Zielen, die Ihre Organisation verfolgt, was wir aus den Satzungen der "Deutschen UFO/IFO-Studiengemeinschaft (DUIST E. V.) entnehmen . . .

In der letzten Zeit war der größte Teil der Tätigkeit des Lagers durch ein ganz intensives Programm verursacht, das durch das Projekt der Vereinigten Staaten entstand, auf dem Mond landen zu wollen, da man vermeiden will, daß unsere dortigen Basen entdeckt werden. Unsere Techniker sind der Meinung, daß das Projekt mit den Mitteln, die sie anwenden, keinen Erfolg haben wird. Trotzdem werden unsererseits alle Vorsichtsmaßregeln ergriffen.

Sechs unerer Leute haben zwei Reisen nach dem Mond gemacht, eine im Mai und die andere im Juli 1964, aus angeführten Gründen und weil man eine Reise großen Ausmaßes zum befreundeten Planeten Mars vorbereitet . . .

Ich bin sehr froh und danke Ihnen für alle Ihre Mühe, die dazu gedient hat, mein Buch in deutscher Sprache herauszubringen. Persönlich glaube ich und auch alle meine Kameraden sind der gleichen Meinung, daß die Stunde bereits gekommen ist, unsere Weltorganisation in Form einer universellen Gemeinschaft zu gründen, die ein mächtiger Block geistiger Kraft werden soll und der die größte Beihilfe für eine bessere Zukunft sein wird, die wir ja formen wollen.

Die Lektüre meiner Bücher dürfte ein starker Faktor sein, um viele labile Willenskräfte in Bewegung zu bringen. Viele Leser meiner Bücher von ganz Amerika haben mir geschrieben und bitten mich dringend, diese Bewegung anzufangen.

Nach Meinung aller meiner Mitarbeiter-Kollegen ist gerade *Ihre* Organisation die dazu geeignetste, um diese Arbeit durchzuführen.

Gerade so, wie es Ihnen ergangen ist, so auch uns und ganz besonders mir, hat es eine tiefe innere Freude bereitet festzustellen, daß unsere Ideen und Vorhaben identisch sind, und Ihr guter Wille und Ihre Empfindung uns gegenüber vergrößert unsere Schaffensfreude.

Das Ziel, das wir gemeinsam verfolgen, ist das edelste und verdient allen Einsatz: Zusammenarbeit, um die Mission von CHRISTUS weiterzuführen, die zerstreute Herde einen zu helfen.

JESUS CHRISTUS ist die höchste Persönlichkeit der ganzen Geschichte, weil ER der herabgesunkenen Menschheit den neuen Weg gewiesen hat. Er verfuhr dabei auf eine kategorische Weise, stark, kühn gegen das Schlechte und den Irrtum. Christus kannte nie die Furcht. Er lehrte immer, gut, aber niemals dumm zu sein. Auch wir müssen unermüdlich, kühn und energisch sein.

Und jetzt in unserem Falle rechnen wir auch mit der Rückendeckung einer wissenschaftlichen Organisation, die unsere Anstrengungen unterstützen wird ... Jetzt ist unser guter Vorsatz gefestigt durch die Kraft des Rechts und die Kraft der wirklichen wahren Wissenschaft.

Und nun, geliebte Freunde, VORWÄRTS!

Das Schlechte ist immer bereit und scheint das Gute zu besiegen, aber am Ende wird *es* immer besiegt ...

Zur Zeit befindet sich *TAGE* mit fünf anderen Marsianern unter uns ...

Betrachtet die Karte*), die mit dazu dienen soll, um die universelle Organisation zu verbreiten, die der erste Schritt für die interplanetarische Allianz ist. Darauf ist die wirkliche Geografie des Freund-Planeten dargestellt. Beobachtet, wie darauf keine selbstherrlichen Grenzlinien vorhanden sind ...

Unsere Bande der Einigkeit sind bereits unzerbrechlich, denn sie sind gegründet auf demselben Herzen, demselben Ideal und denselben Zielen.

Gott beschütze Euch und gebe uns allen den Erfolg für alle Bemühungen.

Euer Euch hochschätzender Freund
Narciso Genovese

---

*)   Siehe Seite 92!

Bücher des
VENTLA-Verlages Nachfolger,
Hohenzollernstraße 9, 33330 Gütersloh

Adamski, George:
ISBN-Nr.: 3-929380-01-3;
Im Innern der Raumschiffe
DM/sfr 39,00, öS 300

Adamski/Guanter:
ISBN-Nr.: 3-929380-24-2;
Sternenmenschen
DM/sfsr 25,00, öS 200

Ashtar:
ISBN-Nr.: 3-929380-03-X;
In kommenden Tagen
DM/sfr 22,00, öS 170

Ashtar/Anahata:
ISBN 3-929380-32-3
Die Kinder der Zwischenwelt
DM/sfr 29,00, öS 220

Berlet, Artur:
ISBN-Nr.: 3-929380-05-6;
Im Raumschiff von Planet zu Planet
DM/sfr 24,00, öS 190

Bühler, Walter K.:
ISBN-Nr.: 3-929380-06-4;
40 Begegnungen mit Außerird. in Brasilien
DM/sfr 29,70, öS 230

Dean, Barbara:
ISBN-Nr.: 3-929380-25-0;
Sterntaler - Mein Leben mit den Santinern
DM/sfr 33,00, öS 260

Dibitonto, Giogio:
ISBN-Nr.: 3-929380-07-2;
Engel in Sternschiffen
DM/sfr 33,00, öS 260

Drake, Eugen H.
ISBN-Nr.: 3-929380-36-6
Besucher aus dem Weltraum
DM/sfr 18,00, öS 140

Fry, Daniel:
ISBN-Nr.: 3-929380-08-0;
Mein UFO-Erlebnis von White Sands
DM/sfr 21,60, öS 170

ISBN.-Nr.: 3-929380-43-9
Der Kosmische Meister Jesus spricht
DM/sfr 25,00, öS 200

Klarer, Elizabeth:
ISBN-Nr.: 3-929380-09-0;
Erlebnisse jenseits der Lichtmauer
DM/sfr 39,00, öS 300

Klarer, Elizabeth:
ISBN.-Nr.: 3-929380-34-X
Ich flog über den Drakensberg
DM/sfr 12,00, öS 95

Leona, G. S./K. und A. Veit: ISBN-Nr.: 3-929380-10-2;	**Evakuierung in den Weltraum** DM/sfr 39,00, öS 300
Novi, Vitko	**170 Stunden mit Außerirdischen** DM/sfr 26,00, öS 210
Magocsi, Oscar: ISBN-Nr.: 3-929380-11-0;	**Meine Freunde aus dem Weltraum** DM/sfr 27,30, öS 210
Magocsi, Oscar: ISBN-Nr.: 3-929380-12-9;	**Meine Weltraum-Odyssee in UFOs** DM/sfr 30,90, öS 240
Magocsi, Oscar: ISBN-Nr.: 3-929380-29-3;	**Raumodyssee in UFOS;** **Die Buzz Andrews Story & danach** DM/sfr 29,00, öS 190
Menger, Howard ISBN-Nr.: 3-929380-26-9	**Aus dem Weltraum zu Euch** DM/sfr 39,00, öS 300
Menger, Howard	in Vorbereitung: **Ein Netz aus Lichtfäden** Neuerscheinung im Oktober 1997
Mutter Maria/Guanter: ISBN-Nr.: 3-929380-31-5;	**Worte für jeden Tag** DM/sfr 39,00, öS 300
Miller, Dick: ISBN-Nr.: 3-929380-13-7;	**Dick Millers Kontakte mit Sternenmenschen** DM/sfr 19,80, öS 160
Nelson, Buck: ISBN-Nr.: 3-929380-42-0;	**Meine Reise zum Mars, zumMond und** **zur Venus** DM/sfr 22,00, öS 170
Renate-Czea: ISBN-Nr. 3-929380-40-4	**Ansprache der Flottencommander** DM/sfr 29,00, öS 230
Renaud, Bob: ISBN-Nr: 3-929380-15-3;	**Meine Kontakte mit Außerirdischen (III)** DM/sfr 18,00, öS 140
Romaniuk, Pedro	**Aus dem Kosmos werden wir überwacht** DM/sfr 25,00, öS 200
Sumner, Dr. F.W.: ISBN-Nr. 3-929380-44-7;	**Das kommende Goldene Zeitalter** DM/sfr 12,00, öS 95

Tuella: ISBN-Nr.: 3-929380-16-1;	**In Erden-Mission** DM/sfr 39,00, öS 300
Tuella: ISBN-Nr.: 3-929380-30-7;	**Projekt Welt-Evakuierung** DM/sfr 24,00, öS 190
Tuella: ISBN-Nr.: 3-929380-27-7;	**Weltbotschaften für dieses Jahrzehnt** DM/sfr 29,00, öS 220
Veit, Karl: ISBN-Nr.: 3-929380-17-X;	**Außerird. Weltraumschiffe sind gelandet** DM/sfr 5,00, öS 40
Veit, Karl: ISBN-Nr.: 3-929380-18-8;	**Dokumentarbericht 1967** DM/sfr 15,00, öS 120
Veit, Karl: ISBN-Nr. 3-929380-19-6;	**Dokumentarbericht 1972** DM/sfr 15,00, öS 120
Veit, Karl: ISBN-Nr.: 3-929380-20-X;	**Dokumentarbericht 1975** DM/sfr 15,00, öS 120
Veit,Karl: ISBN-Nr.: 3-929380-21-8;	**Interplanetarische Flugobjekte** **(24 Postkarten)** DM/sfr 15,00, öS 120
Paketpreis:	**Dokumentarbericht 1967** **Dokumentarbericht 1972** **Dokumentarbericht 1975** **Interplanetarische Flugobjekte** DM/sfr 50,00, öS 380

VENTLA-Verlag Nachfolger,
Hohenzollernstraße 9, D-33330 Gütersloh
Postfach 3112, D-33261 Gütersloh
Telefon: (0 52 41) 2 47 50
Fax: (0 52 41) 2 85 20

(Gesamtverzeichnis kostenlos erhältlich)